# Streß – nein danke!

# Streß – nein danke!

Dr. Volker Friebel

**Streßtests**

**Problemlösungsstrategien**

**Zeitplanung**

**Entspannung**

**Positive Lebenseinstellung**

FALKEN

# INHALT

# Stress!

**Über Streß wird viel geredet, aber was eigentlich versteht man genau darunter? Es gibt unterschiedliche Betrachtungsweisen. In diesem Kapitel werden die verschiedenen Sichtweisen von Streß gezeigt und auch, wie Streß auf unsere Gesundheit einwirken kann.**

# Stress – was ist das eigentlich?

Streß ist nichts Absolutes, das übermächtig über uns schwebt und nicht zu ändern wäre. Streß spielt sich *in* uns, in unseren Gedanken ab. Wenn wir Streß erfolgreich bewältigen wollen, gilt es das zu berücksichtigen. Wie wir Streß betrachten, kann bereits viel zu seiner Bewältigung beitragen.

## Stress als Situation

Streß kann im Hinblick auf die Umwelt als etwas von außen Kommendes gesehen werden. Dem entspricht in etwa der Gebrauch des Wortes „Streß" in der Umgangssprache. So gelten eine Prüfung, der Verkehrsstau, die beim Zubettgehen quengelnden Kinder, der knappe Termin für die Fertigstellung einer bestimmten Arbeit, der Umzug, das heißt eine bestimmte belastende *Situation,* eben als „Streß". Streß wird dabei als Reiz aufgefaßt, der auf die Person einwirkt, bzw. als eine Situation, in der die Person steht. Der Vorteil einer solchen Betrachtungsweise liegt darin, daß sich die Ursache des Stresses leicht angeben, mit einem Zahlenwert festmachen und mit dem Streß anderer Menschen vergleichen läßt.

Es gibt eine ganze Reihe von Fragebögen zum Streß, die sich alle im wesentlichen auf dieses Konzept beziehen. Sie sollen erfassen, wieviele und welche größeren Lebensereignisse in letzter Zeit – meist in den letzten ein bis zwei Jahren – aufgetreten sind. Die Abbildung zeigt den bekanntesten Fragebogen dieser Richtung: eine Liste mit 42 Lebensereignissen. Aus verschiedenen Auswertungen des Fragebogens ergibt sich eine Gewichtung der einzelnen Ereignisse (als „allgemeiner Wert" bezeichnet). So wird – durchschnittlich – am schwerwiegendsten, nämlich mit der Punktezahl 100, der Tod des Ehegatten eingeschätzt. Als Zweitschwerstes folgt die Scheidung mit 73 Punkten. Einige weitere Ereignisse sind: Hochzeit (50 Punkte), Schwangerschaft (40 Punkte), Schwierigkeiten mit dem Chef (23 Punkte), Umzug (20 Punkte) oder kleinere Gesetzesverstöße (11 Punkte). Füllen Sie den Streßbogen einmal selbst aus, errechnen Sie Ihren Gesamtwert und vergleichen Sie das Ergebnis mit dem von Verwandten oder Freunden! Wo nicht anderes angegeben, beziehen sich alle Aussagen bzw. Veränderungen auf die eigene Person.
Bei den ersten zwölf Geschehen wird nur eingetragen, ob sie in den

| Geschehen | Anzahl | allgemeiner Wert | eigener Wert |
|---|---|---|---|
| 1. Ärger mit dem Vorgesetzten | | 23 | |
| 2. Starke Veränderung der Schlafgewohnheiten | | 16 | |
| 3. Starke Veränderung der Eßgewohnheiten | | 15 | |
| 4. Veränderung persönlicher Gewohnheiten (Kleidung, Benehmen, Beziehungen usw.) | | 24 | |
| 5. Starke Veränderung im Erholungsbereich | | 19 | |
| 6. Starke Veränderung sozialer Aktivitäten | | 18 | |
| 7. Starke Veränderung kirchlicher Aktivitäten | | 19 | |
| 8. Starke Veränderung der Anzahl von Familienzusammenkünften | | 15 | |
| 9. Starke Veränderung der finanziellen Lage | | 38 | |
| 10. Gesetzesprobleme | | 29 | |
| 11. Starke Veränderung der Anzahl von Auseinandersetzungen mit dem Ehepartner | | 35 | |
| 12. Sexuelle Probleme | | 39 | |
| 13. Schwerwiegende Verletzung oder Krankheit | | 53 | |
| 14. Tod eines nahen Familienangehörigen (außer dem Ehepartner) | | 63 | |
| 15. Tod des Ehepartners | | 100 | |
| 16. Tod eines nahen Freundes | | 37 | |
| 17. Ein neues Familienmitglied kommt dazu (durch Geburt, Adoption usw.) | | 39 | |
| 18. Starke Veränderung in Gesundheit oder Verhalten eines Familienmitglieds | | 44 | |
| 19. Wohnungswechsel | | 20 | |
| 20. Gefängnisaufenthalt | | 63 | |
| 21. Kleine Gesetzesübertretungen (z. B. falsches Parken) | | 11 | |

| Geschehen | Anzahl | allgemeiner Wert | eigener Wert |
|---|---|---|---|
| 22. Große berufliche Umstellung | | 39 | |
| 23. Heirat | | 50 | |
| 24. Scheidung | | 73 | |
| 25. Dauerhafte Trennung vom Partner | | 65 | |
| 26. Hervorragende persönliche Leistungen | | 28 | |
| 27. Sohn oder Tochter verläßt das Haus | | 29 | |
| 28. In den Ruhestand gehen | | 45 | |
| 29. Starke Veränderung der Arbeitsstunden oder -bedingungen | | 20 | |
| 30. Starke Veränderung der Verantwortlichkeit im Beruf | | 29 | |
| 31. Den Arbeitsplatz gekündigt bekommen | | 47 | |
| 32. Starke Veränderung der Lebensbedingungen (Hausbau, Umbau, Verschlechterung des Zuhauses oder der Nachbarschaft) | | 25 | |
| 33. Ehefrau findet oder kündigt eine Arbeit außerhalb des Hauses | | 26 | |
| 34. Schulden von mehr als 50.000 DM machen (Erwerb eines Hauses, Geschäfts usw.) | | 31 | |
| 35. Schulden von weniger als 50.000 DM machen (Erwerb eines Autos oder größeren Konsumartikels) | | 17 | |
| 36. Wegfallen von Schulden oder Guthaben | | 30 | |
| 37. Ferien | | 13 | |
| 38. Wechsel an eine neue Schule | | 20 | |
| 39. Wechsel an einen Arbeitsplatz mit anderen Arbeitsanforderungen | | 36 | |
| 40. Schulbeginn oder -abschluß | | 26 | |
| 41. Versöhnung nach Ehestreitigkeiten | | 45 | |
| 42. Schwangerschaft | | 40 | |
| | | Gesamtwert: | |

**Kritische Lebensereignisse (nach Thomas H. Holmes)**

letzten zwei Jahren (vom Augenblick des Ausfüllens an gerechnet) einmal aufgetreten sind oder nicht. Ist ein Geschehen eingetreten, übertragen Sie die Zahl aus der Spalte „allgemeiner Wert" (so stark ist das Geschehen nach Studien durchschnittlich einzuschätzen) in die noch leere Spalte „eigener Wert", ansonsten bleibt diese leer.

Ab dem dreizehnten Geschehen wird rechts von den Ereignissen zunächst eingetragen, wie *häufig* das jeweilige Ereignis in den letzten zwei Jahren aufgetreten ist. Multiplizieren Sie dann diese Anzahl mit dem rechts daneben stehenden „allgemeinen Wert". Das Ergebnis ist Ihr „eigener Wert", den Sie bitte in die Spalte ganz rechts schreiben.

Am Schluß zählen Sie alle Einzelsummen zusammen, und Sie erhalten Ihren Gesamtwert.

Der Vorteil eines solchen Fragebogens liegt darin, daß er leicht zu handhaben ist und daß sich ein Gesamtwert für den Streß errechnen läßt, mit dem man die Streßbelastungen mehrerer Personen schnell vergleichen kann. Darüber hinaus sensibilisiert die Beschäftigung mit einer solchen Liste für den Streß, dem man ausgesetzt ist.

Die Frage ist natürlich, wie zuverlässig ein solcher Wert ist. So wird die Streßhaftigkeit der einzelnen Situationen nicht von der Person gewichtet, die den Fragebogen ausfüllt, sondern es handelt sich um einen Durchschnittswert, der zudem bereits vor Jahren in Amerika erhoben worden ist. Menschen bewerten die gleichen Situationen aber keineswegs immer als gleich belastend, und die amerikanische Kultur unterscheidet sich von unserer teilweise erheblich. Auch ist der angesprochene Zeitraum von zwei Jahren sehr lang. Es fragt sich, ob die Erinnerung über einen so langen Zeitraum zuverlässig ist. Zudem: Spielt es heute noch eine Rolle, ob man vor zwei Jahren beispielsweise falsch geparkt hat? Auch wird positiver und negativer Streß nicht unterschieden. Und es sind fast nur wichtige Ereignisse, die abgefragt werden und in die Streßbelastung eingehen.

## Stress als Reaktion

Hans Selye, der Begründer der Streßforschung, auf den auch der Begriff „Streß" zurückgeht, betrachtete Streß als ein ganz bestimmtes und immer gleiches *Reaktionsmuster*, das durch viele verschiedene Reize gleichermaßen ausgelöst werden kann. Die Streßreaktion hängt dieser Anschauung zufolge nicht von der Art der Streßquelle und nicht von der Person, vom Leidtragenden ab. Die Streßreaktion wird als universelles Muster von Verteidigungsreaktionen betrachtet, mit denen jemand dem auslösenden Ereignis begegnet. Normalerweise folgen auf ein Streßereignis drei Phasen:

1. *die Alarmreaktion,* in der die Kräfte mobilisiert werden,
2. *das Widerstands- oder Fluchtstadium,* in dem man dem Streß begegnet,

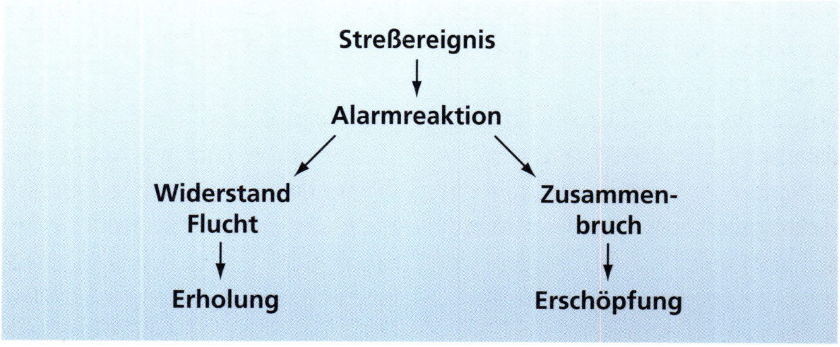


**Streß-Reaktionsmuster**

3. *die Erholungsphase,* in der sich der Organismus nach Beseitigung des Stresses wieder regeneriert.

Unter chronischem starkem Streß kann es zum Zusammenbruch der Widerstandsphase und zu einem Erschöpfungsstadium kommen. In Tierversuchen wurden nach starkem chronischem Streß während des Erschöpfungsstadiums auch Todesfälle festgestellt. Normalerweise verläuft die Reaktion auf Streß glücklicherweise jedoch nicht tödlich. Der durch die Reaktion auf den Streß erhöhte Widerstand wird mit dem Streß fertig, oder die Streßquelle verschwindet nach einiger Zeit von selbst.

Das Konzept dieses Ansatzes ist klar: Auf ein Streßereignis folgt eine *Alarmphase,* in der der Organismus seine Kräfte mobilisiert. Das sogenannte sympathische Nervensystem wird aktiviert. Dies führt zu einer erhöhten Ausschüttung von Adrenalin und Noradrenalin im Nebennierenmark, einer wichtigen Hormondrüse. Durch den erhöhten Adrenalinspiegel im Blut beschleunigt sich der Herzschlag. Der Blutzucker steigt. Die Skelettmuskulatur, also die der Bewegung und der Kraftleistung dienende Muskulatur, wird verstärkt durchblutet und mit Nährstoffen versorgt. Blasse Haut, trockener Mund und vermehrtes Schwitzen sind weitere Folgen des erhöhten Adrenalinspiegels. Die erhöhte Ausschüttung von Noradrenalin steigert den Blutdruck. Die Alarmreaktion führt mit diesen Veränderungen zu einer erhöhten Kampf- bzw. Fluchtbereitschaft des betroffenen Menschen.

Früher, in den Anfängen der Menschheit, war dieses Reaktionsmuster sehr sinnvoll. Denn „Streß" bedeutete damals praktisch immer eine unmittelbare Gefahr oder Herausforderung, sei es durch wilde Tiere, auf der Jagd oder durch menschliche Feinde. Heute liegen die Dinge anders. Die früher sinnvollen physiologischen Veränderungen im Streß, die auf eine erhöhte Kampf- oder Fluchtbereitschaft abzielen, sind heute kaum je angebracht. Heute dominieren Streßquellen, vor denen man nicht fliehen kann, seien es Verkehr, Vorgesetzte, Überbelastung bei der Arbeit oder Arbeitslosigkeit. Die alte

Streßreaktion ist eine denkbar ungünstige Voraussetzung, heute mit Streß fertigzuwerden.
Die veränderten Körperfunktionen dauern auch in der Phase des *Widerstands* an. Andauernde seelische Belastungen führen darüber hinaus zu einer anhaltenden Überproduktion von Kortisol (einem Hormon) in der Nebennierenrinde. Als Nebenwirkung wird dadurch die Immunabwehr geschwächt. Funktionelle Beschwerden wie Herzbeschwerden und Verdauungsprobleme stehen in der Phase des Widerstands im Vordergrund. Muskelverspannungen, Atembeschwerden, Reizbarkeit, Niedergeschlagenheit, leichte Ermüdbarkeit und Stimmungslabilität stellen sich ein.
In der Phase der *Erschöpfung,* wenn der Widerstand des Körpers stark geschwächt oder zusammengebrochen ist, können Krankheiten besonders leicht entstehen. Besonders gefährdet sind Menschen, die erblich oder aufgrund ungünstiger Lebensumstände für eine bestimmte Erkrankung prädisponiert sind, oder bei denen ein Organ bereits aus anderen Gründen geschädigt ist.
Die Grundannahme dieses Streßkonzepts ist sicher richtig. Ein wirklich „unspezifisches“, von der Streßquelle und der Person unabhängiges Reaktionsmuster läßt sich aber eigentlich nicht beobachten. Die Reaktion bei Streß mag zwar bei vielen Menschen ungefähr gleich ablaufen, die Person und die Streßquelle können das Reaktionsmuster aber durchaus beeinflussen. Je nach Situation wird jede Person auf Streß etwas anders reagieren.

## Stress als Beziehung

Das sogenannte „transaktionale“ Streßkonzept bezieht deshalb Elemente der beiden Konzepte von Streß als Situation und Streß als Reaktion mit ein. Es richtet das Augenmerk auf die Beziehung zwischen Streßquelle und Person bzw. auf die Vorstellung der betroffenen Person von dieser Beziehung. Zwei Vorgänge sind für dieses Streßkonzept wesentlich: die Einschätzung durch die betroffene Person und die Bewältigungsmöglichkeiten, die die Person hat.

### Einschätzung

Für die *Einschätzung* durch die betroffene Person sind zwei Fragen wichtig: Welche Bedeutung hat das Ereignis (beispielsweise eine drohende Entlassung) für mich? Und: Welche Möglichkeiten habe ich wohl, das Ereignis zu bewältigen? So kann das Ereignis als unwichtig, günstig oder ungünstig eingeschätzt werden. Eine Entlassung kann unwichtig sein, wenn der Betroffene sowieso kündigen will und auch schon eine neue Arbeitsstelle hat. Sie kann – subjektiv – günstig sein, wenn der Entlassene darin eine Chance sieht, endlich ein neues Leben anzufangen. Meist aber wird sie wohl als ungünstig eingeschätzt werden, das heißt als Streß.
Neben der Einschätzung des Ereignisses ist die Einschätzung der eigenen Bewältigungsmöglichkeiten natürlich sehr wichtig. Sie ist allerdings nur erforderlich, wenn das Er-

eignis als Streßereignis eingeschätzt wird. Die Person muß sich überlegen, was sie in der entsprechenden Lage tun kann und welche der vorhandenen Möglichkeiten zur Situation am besten paßt. Und sie muß ihre Aussichten zur erfolgreichen Bewältigung einschätzen. Schätzt die betroffene Person die Bewältigungsmöglichkeiten sehr gut ein, beispielsweise weil sie weiß, daß ein Anruf beim Betriebsrat genügt, um die Entlassung rückgängig zu machen, wird sie weniger Streß empfinden, auch wenn sie die Entlassung an sich als sehr bedeutsam eingeschätzt hat.

**Das Einschätzen einer Streßsituation ist wichtig für die Bewältigung**

Diese Einschätzungen werden von einer Reihe von Faktoren beeinflußt. Entscheidend sind etwa die Neuheit der Situation (wenn schon einmal eine Entlassung bewältigt wurde, ist der Streß nur halb so schlimm), ihre Mehrdeutigkeit und Unvorhersagbarkeit (diese sind immer schlecht) sowie die Zeitfaktoren (wie weit liegt das Ereignis in der Zukunft, wie lange dauert es?). Auch von der eigenen Persönlichkeit, den Wertvorstellungen und der inneren Überzeugung hängen Einschätzungen ab. Natürlich überprüft die betroffene Person ihre Einschätzungen immer wieder und korrigiert sie gegebenenfalls. Sie können sich im zeitlichen Verlauf also durchaus verändern.

## Bewältigung

Zu den *Bewältigungsprozessen* zählen die Suche nach Informationen, die direkte Aktion bzw. Hemmung direkter Aktion (z. B. Ärger nicht herauslassen) sowie streßmildernde gedankliche Beschäftigung (z. B. Ablenkung). Natürlich sind die Bewältigungsprozesse je nach Situation sehr unterschiedlich günstig. Bewältigung – das bezieht sich zum einen auf die Streßquelle, hat also den Charakter einer Problemlösung. Was kann ich beispielsweise tun, um mich auf eine Prüfung gut vorzubereiten? Zum anderen aber bezieht sich das Bewältigungskonzept auch auf die Person, auf ihr Umgehen mit der Belastung. Dann dient die Bewältigung der Beruhigung, zielt also auf die emotionale Verfassung, beispielsweise: „Alles halb so schlimm". Ablenkung und mutmachende innere Selbstgespräche sind hier besonders nützlich. Die „innere" Bewältigung kann durchaus Auswirkungen auf die „äußere" Bewältigung haben, wenn beispielsweise eine gelungene Beruhigung die Nervosität in der Prüfung verringern hilft und damit zu einer positiveren Selbstdarstellung und einem besseren Prüfungsresultat beiträgt. Auf die Streßbewältigung wird im nächsten Kapitel nochmals ausführlich eingegangen.
Wie sich die Einschätzung einer Streßsituation und der eigenen Bewältigungsmöglichkeiten auf die Streßbewältigung auswirken, wurde in einer Studie geprüft. Dazu wurden Versuchsteilnehmer vor streßhafte Kombinieraufgaben gestellt. Nach jeder Aufgabe erfolgte eine (falsche) Rückmeldung des Ergebnisses, und die Personen machten Angaben über ihr Streßerleben. Mißerfolge wurden als deutlich belastender empfunden als Erfolge

(obwohl die Rückmeldung als Erfolg oder Mißerfolg falsch war). Die Überzeugung, etwas zu können, wirkte also streßlindernd. Leistungsängstlichkeit machte dagegen anfälliger für Streß. Schätzte ein Versuchsteilnehmer (in einem vorher ausgefüllten Fragebogen) seine Bewältigungsmöglichkeiten selbst als stark ein und wurden zudem Erfolge zurückgemeldet, fand sich ein besonders *positiv* getöntes Streßerleben. Bei subjektiv schwach eingeschätzten Bewältigungsmöglichkeiten und zurückgemeldeten Mißerfolgen war die Streßwahrnehmung extrem stark und der Streß natürlich negativ getönt.

Wie wichtig der subjektive Eindruck ist, belastende Lebensereignisse kontrollieren zu können, wird immer wieder betont. So wurden immer wieder Zusammenhänge mit Erkrankungen festgestellt, wenn Menschen Lebensereignissen hilflos ausgeliefert zu sein meinten oder unsicher waren, ob sie sie kontrollieren können. Interessanterweise können Lebensereignisse, für die sich die betroffene Person über die Kontrollierbarkeit im unklaren ist, stärker mit einer Erkrankung in Verbindung gebracht werden als völlig unkontrollierbare Lebensereignisse. Unkontrollierbarkeit von Ereignissen und subjektive Hilflosigkeit begünstigen also das Streßerleben und die Krankheitsentstehung. Die Ungewißheit, ob man ein Ereignis kontrollieren kann oder nicht, wirkt noch einmal zusätzlich belastend.

Die Abbildung Seite 16–18 zeigt einen Streßfragebogen, der auf diesem Streßkonzept beruht.

Wichtig sind hier weniger die großen, sondern vielmehr die kleinen Dinge des Lebens. Angekreuzt werden soll, welche der genannten Vorgaben innerhalb der letzten vier Wochen aufgetreten sind. Zusätzlich soll eingeschätzt werden, wie stark man sich von diesen kleinen

| Ereignis | Belastung |
| --- | --- |
| 1. Dinge verlegen oder verlieren | 1 2 3 |
| 2. Ärger mit Nachbarn | 1 2 3 |
| 3. Soziale Verpflichtungen | 1 2 3 |
| 4. Rücksichtslose Raucher | 1 2 3 |
| 5. Sorgen wegen Ihrer Zukunft | 1 2 3 |
| 6. Gedanken über den Tod | 1 2 3 |
| 7. Krankheit eines Familienmitglieds | 1 2 3 |
| 8. Nicht genug Geld für Kleidung | 1 2 3 |
| 9. Nicht genug Geld fürs Wohnen | 1 2 3 |
| 10. Sorgen wegen Geldschulden | 1 2 3 |
| 11. Sorgen wegen eines nötigen Kredits | 1 2 3 |
| 12. Sorgen wegen Geld für Notfälle | 1 2 3 |
| 13. Jemand schuldet Ihnen Geld | 1 2 3 |
| 14. Finanzverpflichtungen für jemand, der nicht bei Ihnen lebt | 1 2 3 |
| 15. Zu hohe Ausgaben für Strom, Wasser usw. | 1 2 3 |
| 16. Zuviel rauchen | 1 2 3 |
| 17. Alkoholgebrauch | 1 2 3 |
| 18. Tabletten- oder Drogenverwendung | 1 2 3 |
| 19. Zuviel Verantwortung | 1 2 3 |
| 20. Kinder haben wollen | 1 2 3 |
| 21. Nicht-Familienmitglieder leben bei Ihnen | 1 2 3 |
| 22. Sorge um ein Haustier | 1 2 3 |
| 23. Mahlzeiten planen | 1 2 3 |
| 24. Sorgen um den Lebenssinn | 1 2 3 |
| 25. Schwierigkeiten, sich zu entspannen | 1 2 3 |
| 26. Schwierigkeiten, Entscheidungen zu treffen | 1 2 3 |
| 27. Probleme mit Arbeitskollegen | 1 2 3 |
| 28. Kunden oder Klienten machen Ihnen das Leben schwer | 1 2 3 |
| 29. Haushalt | 1 2 3 |
| 30. Sorgen um den Arbeitsplatz | 1 2 3 |
| 31. Sorgen um den Ruhestand | 1 2 3 |
| 32. Kurzarbeit oder Arbeitslosigkeit | 1 2 3 |
| 33. Sie mögen Ihre Arbeit nicht | 1 2 3 |
| 34. Sie mögen Ihre Arbeitskollegen nicht | 1 2 3 |
| 35. Nicht genug Geld für das Notwendigste | 1 2 3 |
| 36. Nicht genug Geld für Essen | 1 2 3 |
| 37. Zuviele Unterbrechungen | 1 2 3 |
| 38. Unerwartete Gäste | 1 2 3 |
| 39. Zuviel Zeit haben | 1 2 3 |

| Ereignis | Belastung |
|---|---|
| 40. Warten müssen | 1 2 3 |
| 41. Sorgen wegen Unfall | 1 2 3 |
| 42. Einsam sein | 1 2 3 |
| 43. Nicht genug Geld für Gesundheitspflege | 1 2 3 |
| 44. Angst vor Konfrontation | 1 2 3 |
| 45. Finanzielle Sicherheit | 1 2 3 |
| 46. Dumme praktische Fehler | 1 2 3 |
| 47. Unfähigkeit sich auszudrücken | 1 2 3 |
| 48. Körperliche Krankheit | 1 2 3 |
| 49. Nebenwirkungen von Medikamenten | 1 2 3 |
| 50. Sorgen wegen medizinischer Behandlung | 1 2 3 |
| 51. Aussehen | 1 2 3 |
| 52. Angst vor Ablehnung | 1 2 3 |
| 53. Schwierigkeiten, schwanger zu werden | 1 2 3 |
| 54. Sexuelle Probleme wegen organischer Störungen | 1 2 3 |
| 55. Andere sexuelle Probleme | 1 2 3 |
| 56. Sorgen wegen der Gesundheit im allgemeinen | 1 2 3 |
| 57. Wenig Kontakt zu Menschen | 1 2 3 |
| 58. Freunde oder Verwandte leben zu weit weg | 1 2 3 |
| 59. Essenszubereitung | 1 2 3 |
| 60. Zeit verschwenden | 1 2 3 |
| 61. Autopflege und -unterhaltung | 1 2 3 |
| 62. Formulare ausfüllen | 1 2 3 |
| 63. Verschlechterung der Nachbarschaft | 1 2 3 |
| 64. Ausbildung der Kinder finanzieren | 1 2 3 |
| 65. Probleme mit Angestellten | 1 2 3 |
| 66. Geschlechtsspezifische Probleme am Arbeitsplatz | 1 2 3 |
| 67. Nachlassen körperlicher Fähigkeiten | 1 2 3 |
| 68. Ausgenutzt werden | 1 2 3 |
| 69. Sorgen wegen körperlicher Funktionen | 1 2 3 |
| 70. Preise für Gebrauchsgüter steigen | 1 2 3 |
| 71. Nicht genug Erholung bekommen | 1 2 3 |
| 72. Nicht genug Schlaf bekommen | 1 2 3 |
| 73. Probleme mit alternden Eltern | 1 2 3 |
| 74. Probleme mit Ihren Kindern | 1 2 3 |
| 75. Probleme mit Jüngeren | 1 2 3 |
| 76. Probleme mit Ihrem Partner | 1 2 3 |
| 77. Seh- oder Hörprobleme | 1 2 3 |
| 78. Mit Verantwortung für die Familie überladen sein | 1 2 3 |
| 79. Zuviele Dinge zu erledigen | 1 2 3 |

| Ereignis | Belastung |
| --- | --- |
| 80. Fehlende Herausforderung durch die Arbeit | 1 2 3 |
| 81. Sorgen wegen hohen Standards | 1 2 3 |
| 82. Finanzgeschäfte mit Freunden oder Bekannten | 1 2 3 |
| 83. Unzufriedenheit mit der Arbeit | 1 2 3 |
| 84. Unsicherheit wegen Arbeitsplatzwechsel | 1 2 3 |
| 85. Schwierigkeit mit Lesen, Schreiben oder Buchstabieren | 1 2 3 |
| 86. Zuviele Treffen | 1 2 3 |
| 87. Probleme mit Scheidung oder Trennung | 1 2 3 |
| 88. Schwierigkeiten mit dem Rechnen | 1 2 3 |
| 89. Geklatsche | 1 2 3 |
| 90. Rechtsprobleme | 1 2 3 |
| 91. Sorgen um das Gewicht | 1 2 3 |
| 92. Nicht genug Zeit, notwendige Dinge zu erledigen | 1 2 3 |
| 93. Fernsehen | 1 2 3 |
| 94. Energielos fühlen | 1 2 3 |
| 95. Innere Konflikte | 1 2 3 |
| 96. Konflikte um das, was zu tun ist | 1 2 3 |
| 97. Bedauern über frühere Entscheidungen | 1 2 3 |
| 98. Menstruationsprobleme | 1 2 3 |
| 99. Wetter | 1 2 3 |
| 100. Alpträume | 1 2 3 |
| 101. Sorgen um das Vorwärtskommen | 1 2 3 |
| 102. Ärger mit Vorgesetzten | 1 2 3 |
| 103. Schwierigkeiten mit Freunden | 1 2 3 |
| 104. Nicht genug Zeit für die Familie | 1 2 3 |
| 105. Verkehrsprobleme | 1 2 3 |
| 106. Nicht genug Geld für Verkehrsmittel | 1 2 3 |
| 107. Nicht genug Geld für Unterhaltung und Erholung | 1 2 3 |
| 108. Einkaufen | 1 2 3 |
| 109. Durch andere benachteiligt oder diskriminiert werden | 1 2 3 |
| 110. Besitz, Kapitalanlage, Steuern | 1 2 3 |
| 111. Nicht genug Zeit für Unterhaltung und Erholung | 1 2 3 |
| 112. Gartenarbeit, Außenarbeiten am Haus | 1 2 3 |
| 113. Sorgen wegen Nachrichten | 1 2 3 |
| 114. Lärm | 1 2 3 |
| 115. Verbrechen | 1 2 3 |
| 116. Verkehr | 1 2 3 |
| 117. Umweltverschmutzung | 1 2 3 |
| 118. … (Noch etwas?) | 1 2 3 |
| **Gesamtwert:** | |

**Alltagsärger (aus Allen D. Kannen)**

Ärgernissen belastet fühlte. Untersuchungen zeigen, daß sich die Streßbelastung in der Regel durch Alltagsärger besser beschreiben läßt als durch eine Skala zu den großen Lebensereignissen (siehe S. 9/10). Auch Beziehungen zwischen Streß und körperlichen Erkrankungen sind mit dem Alltagsärger anscheinend besser zu erfassen als mit der Skala zu den großen Lebensereignissen. Es sind also meist weniger die großen Ereignisse des Lebens, die uns zusetzen, sondern es ist der kleine, alltägliche Ärger.

In einer Studie zur durchschnittlichen Häufigkeit und Intensität des Alltagsärgers ergab sich, daß durchschnittlich 22 Punkte angekreuzt wurden und ein Gesamtwert von 35 Punkten erreicht wurde. Das kann ein grober Richtwert für das eigene Ergebnis sein. In einer eigenen Untersuchung mit chronisch darmkranken Menschen wurden im Durchschnitt 42 Punkte erreicht. Die Spanne reichte dabei von 12 bis 114 Punkten; die weitaus meisten Personen hatten Werte zwischen 16 und 46. Es dürfte aber interessanter sein, das eigene Ergebnis mit dem Ergebnis von Bekannten zu vergleichen oder die Skala im Abstand von einigen Monaten – vielleicht in der Vorurlaubszeit und im Urlaub oder vor und nach Erlernen eines Entspannungsverfahrens – auszufüllen und die Unterschiede zu betrachten.

Je nach Schwere des ärgerlichen Ereignisses kreuzen Sie bitte eine *1 (leicht), 2 (mittelschwer)* oder *3 (schwer)* an. Wenn das Ereignis nicht auftrat, kreuzen Sie nichts an. Das Ereignis muß innerhalb des letzten Monats, von heute an gerechnet, aufgetreten sein. Am Schluß zählen Sie alle angekreuzten Zahlen zusammen: Das ist Ihr Gesamtwert.

## Stress und Krankheit

Daß Streß krank macht, ist eine inzwischen nicht nur bei Psychologen und Ärzten, sondern bei allen Menschen weit verbreitete Überzeugung. Eine erhöhte Krankheitsanfälligkeit aufgrund von Streß kann durch verschiedene Untersuchungen als hinreichend gesichert gelten. So wurde beobachtet, daß dem Auftreten vieler Krankheiten eine erhöhte Anzahl von kritischen Lebensereignissen vorausging. Magengeschwüre wurden lange Zeit als ausschließlich durch Streß verursacht angesehen. Bei Kopfschmerzen, Depressionen, Krebs, Herzinfarkt und einer ganzen Reihe weiterer Krankheiten wird ein erheblicher Einfluß von Streß auf die Krankheitsentstehung und den Krankheitsverlauf angenommen.

Die meisten Studien belegen einen Zusammenhang zwischen Streß und Krankheit – allerdings nicht für alle Personen. Dies hängt sicherlich zu einem großen Teil von den unterschiedlichen Fähigkeiten zur Streßbewältigung ab. Auch für die einzelne Person wird die Verletzbarkeit durch Streß und die Krankheitsanfälligkeit zu verschiedenen Zeiten unterschiedlich groß sein. Die Zusammenhänge sind allerdings wissenschaftlich noch nicht genügend erforscht. Aber schon bei Alltagsbeobachtungen fällt auf, daß manche Menschen sich durch die größten Widrigkeiten kaum beeindrucken lassen, während sich andere schon das kleinste Problem sehr zu Herzen nehmen. Vermutlich ist auch die Krankheitsanfälligkeit durch Streß bei diesen verschiedenen Verhaltensweisen ganz unterschiedlich. Die Person selbst ist der Faktor, der entscheidet, wie sie auf Belastungen reagiert und ob Krankheiten sich durchsetzen können oder nicht.

**Ein Zusammenhang zwischen Streß und Krankheit wird heute nicht mehr bestritten**

Die jeweilige Gesundheit oder das jeweilige Immunsystem spielen dabei eine wesentliche Rolle. Es stellt sich jedoch die Frage, welche Faktoren in der Person zu einer guten Gesundheit und zu einem starken Immunsystem beitragen können. Persönlichkeitsfaktoren, die das Umgehen mit Streß bestimmen, sind zum Teil wohl vererbt, teilweise werden sie in der frühen Kindheit erworben. Aber es gibt durchaus einiges, was auch ein Erwachsener noch zur Streßbewältigung lernen kann.

Ein Zusammenhang zwischen Streß und Krankheit ist unbestritten – wie aber kommt er zustande? Wie verläuft die Kette beispielsweise zwischen dem Ärger mit dem Vorgesetzten und dem Ausbruch irgendeiner Krankheit? Zwischen beidem kann man sich – nicht bei allen, aber doch bei sehr vielen Erkrankungen – gut das *Immunsystem* vorstellen: Streß führt zu einer physiologischen Aktivierung, der Kampf- bzw. Fluchtreaktion, mit einer erhöhten Ausschüttung von Adrenalin und Noradrenalin. Diese steigern den Kortisolspiegel im Blut – vielleicht auch noch die Aktivität einiger Gewebshormone und sogenannter Neurotransmitter –, was wiederum das Immunsystem bremst, es sozusagen auf Sparflamme brennen läßt. Früher ein sinnvoller Mechanismus, um alle Energie auf das im Augenblick Wichtige zu konzentrieren, ist dies heute, bei meist chronischem Streß und der Unangemessenheit einer Kampf- bzw. Fluchtreaktion zu seiner Bewältigung, sinnlos geworden. Ja, sie ist sogar nicht nur sinnlos, sondern schädlich, da die negativen Auswirkungen dieser Reaktion – früher beim üblichen kurzzeitigen Streß bedeutungslos – heute infolge des chronischen Stresses richtig zur Geltung kommen und die Krankheitsanfälligkeit erhöhen. Eine ganze Forschungsrichtung beschäftigt sich mit den Auswirkungen von Streß auf das Immunsystem. Daß Streß das Immunsystem schwächt, ist inzwischen gut belegt. Dies gilt für länger anhaltenden Streß. Streß über einige Minuten oder Stunden ist dagegen offenbar für das Immunsystem nicht ungünstig. Ob diese Schwächung des Immunsystems sich tatsächlich in einer höheren Krankheitsanfälligkeit ausdrückt, ist noch nicht bewiesen. Die Vermutung liegt aber sehr nahe. In Untersuchungen wurde nicht nur der negative Einfluß von Streß auf das Immunsystem nachgewiesen, sondern konnte auch gezeigt werden, daß umgekehrt Entspannung und Streßbewältigung die

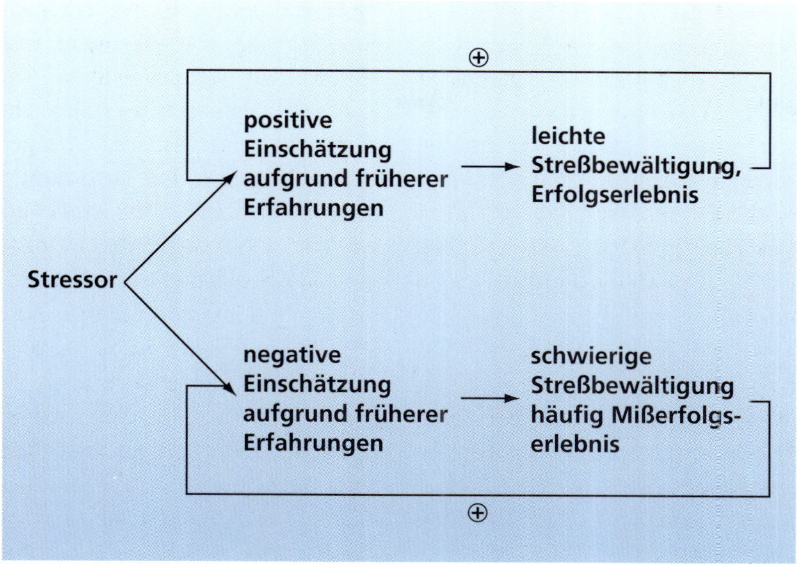


**Wirkung von Stressoren**

Leistungsfähigkeit des Immunsystems verbessern.

Stressoren aus der Umwelt durchlaufen eine Reihe von Filtern im Individuum. So werden die Stressoren je nach den früheren Erfahrungen der Person immer unterschiedlich wahrgenommen. Wer schon schlechte Erfahrung mit einer Situation, beispielsweise einer Prüfung gemacht hat, wird sich beim erneuten Auftreten dieses Stressors stärker unter Druck fühlen, als jemand, der mit dem Stressor überwiegend positive Erfahrungen verbindet. Durch psychologische Abwehrmaßnahmen wie Ablenkung oder Verharmlosung können Stressoren manchmal abgeschwächt oder ganz aus dem Gesichtsfeld beseitigt werden. Ob und inwiefern Stressoren eine physiologische Reaktion (also vor allem die Aktivierung des sympathischen Nervensystems) hervorrufen, ist auch von der Physiologie der betreffenden Person abhängig, wie sie sich vererbt und in den vergangenen Jahren weiter entwickelt hat. Bewältigungsfertigkeiten können die Reaktionen auf den Stressor günstig beeinflussen. Zu diesen Bewältigungsfertigkeiten kann man alles zählen, was geeignet ist, eine bereits aufgetretene physiologische Aktivierung wieder zu reduzieren, beispielsweise die Fähigkeit, sich zu entspannen.

Der Weg vom Streß zur Krankheit ist also keine Einbahnstraße, sondern es gibt eine ganze Reihe von Faktoren, die in diese Beziehung stark eingreifen können. Dazu zählt vor allem die Streßbewältigung. Das folgende Kapitel bietet dazu eine Einführung, die weiteren Kapitel enthalten eine ganze Anzahl von Übungen und Anregungen zu diesem Thema.

# Stressbewältigung

**Streßbewältigung meint nicht, Streß zu verleugnen oder allen Ärger in sich hineinzufressen. Ein solches Vorgehen wäre wahrscheinlich in den meisten Fällen ebenso schlecht wie der Streß selbst. Streßbewältigung bedeutet, sich in einer fordernden, belastenden Situation angemessen zu verhalten.**

# Strategien zur Stressbewältigung

Es ist natürlich leicht zu sagen, man müsse sich „nur“ angemessen verhalten, um schwierige Situationen zu bewältigen. Aber was ist angemessen?

Angemessen meint, der Situation, ihren Erfordernissen, ihren Herausforderungen gerecht zu werden, sich nicht verrückt machen zu lassen, die Situation nicht zu überschätzen, sie andererseits aber auch nicht zu unterschätzen. Wie jede Situation andere Anforderungen an den Menschen stellt, andere Fähigkeiten herausfordert, so sind auch je nach Situation andere Methoden der Streßbewältigung gefordert. Meist ist es am besten, sich einfach von der Situation leiten zu lassen, einfach das zu tun, was sie von sich aus verlangt, und sich nicht zu viele Gedanken zu machen (bzw. nur einmal, nämlich *am Anfang*). Oft aber reicht das nicht aus. Streß läßt sich dann am besten vermeiden oder wenigstens reduzieren, wenn man über ein Repertoire verschiedener Bewältigungsmöglichkeiten verfügt, aus dem man je nach Situation die günstigsten heraussuchen kann. Solche Bewältigungsmöglichkeiten werden wir in diesem und in den folgenden Kapiteln kennenlernen.

Welche die günstigste Möglichkeit der Streßbewältigung ist, wird im wesentlichen von zwei Faktoren bestimmt: einmal von der Situation, zum zweiten von einem selbst. Eine Methode, die man nicht beherrscht oder hinter der man nicht steht, kann kaum effektiv sein.

Vor dem Einsatz von Methoden der Streßbewältigung stehen folgende Fragen: Was verlangt die Situation von mir? Wie setze ich meine Fähigkeiten am besten ein, um den Anforderungen der Situation gerecht zu werden? Welche Methoden der Streßbewältigung stehen mir zur Verfügung?

Manche Situationen gilt es einfach zu überstehen. Dann können beispielsweise auch Ablenkung oder sogar Verdrängung gut sein. Gleichmütiges Ertragen von Dingen, die man nicht ändern kann, ist eine wesentlich bessere Methode der Streßbewältigung, als sich und anderen durch sinnlosen Aktionismus nur zu schaden. Bevor man diese Methode jedoch wählt (*bewußt wählt* – nicht etwa sich ihr hingibt), sollte man auch überlegt haben, ob die Situation tatsächlich nicht oder nur mit unvertretbar hohem Aufwand zu ändern ist. In der Regel schätzen wir Probleme nämlich eher zu groß als zu gering ein. Im Zweifel sollte deshalb eher eine aktive Methode der Streßbewältigung gewählt werden. Die meisten Situationen erfordern sowieso von sich aus aktive Anstrengungen zur Bewältigung. Dann wäre Verdrängung oder gleichmütiges Ertragen genau das Falsche. In diesem Fall werden vielleicht Methoden effektiven Problemlösens zum Einsatz kommen. Manchmal ist die Bewältigung der Situation durchaus gesichert, aber der Kräfteeinsatz sehr hoch. Dann werden bewußte Entspannung, Atemübungen oder – vor allem bei sitzenden Tätigkeiten – gymnastische Übungen sinnvoll sein. In wieder anderen Fällen ist weniger die Streßsituation, sondern sind die eigenen Gedanken das Problem. Dann muß man sich mit diesen Gedanken, mit ungünstigen Einstellungen, Erfolgs- bzw. Mißerfolgszuschreibungen beschäftigen – Umdeutungen oder Vorsatzbildung werden die richtige Streßbewältigung sein.

Sehr häufig sind Kombinationen verschiedener Methoden das Richtige. Für die richtige Methode muß man ein gewisses Gespür entwickeln. Und das bekommt man am besten durch Übung, durch Ausprobieren verschiedener Möglichkeiten der Streßbewältigung in verschiedenen Situationen.

## Eigenschaften, die helfen

**Jeder Mensch reagiert anders auf Streßsituationen**

Wenn manche Menschen auf Streß kaum reagieren, andere aber stark, dann kann das zum einen daran liegen, daß sie unterschiedlich gute Strategien der Streßbewältigung anwenden. Vieles kann man lernen. Darüber hinaus gibt es jedoch noch eine Grundausstattung mit gewissen Eigenschaften, die einem vielleicht in die Wiege gelegt sind, oder die man in langen Jahren des Heranwachsens und mit dem Sammeln von Lebenserfahrung allmählich erwirbt. Diese Eigenschaften sind grundsätzlich auch veränderbar, jedoch sehr viel schwerer als etwa Problemlösetechniken oder das Wissen, wie man entspannt. Diese persönlichen Eigenschaften sind wissenschaftlich noch nicht sehr weit erforscht. Immerhin konnten einige anscheinend relativ dauerhafte persönliche Eigenschaften identifiziert werden, die einzeln für sich genommen zwar nur mäßige, im Zusammenwirken jedoch günstige Einflüsse auf die Gesundheit zeigen.

**Zuversicht:** Gemeint ist eine hoffnungsvolle, zuversichtliche Lebenseinstellung, die auch durch Mißerfolge nicht so leicht erschüttert wird.

**Innere Kontrollüberzeugung:** Die Überzeugung, der Umwelt nicht einfach nur hilflos ausgeliefert zu sein, sondern das eigene Leben (und vielleicht noch etwas mehr) in einem befriedigenden Maße selbst gestalten zu können, gibt Sicherheit.

**Zielbindung:** Die Umgebung wird als bedeutungsvoll erlebt und angenommen, man versteht sich als in ihr Handelnder. Man sieht ein sinnvolles persönliches Ziel in einer sinnvollen Umgebung. Man erlebt die eigenen Handlungen in dieser Umgebung und für das eigene Ziel als wirkungsvoll.

**Herausforderungen annehmen:** Probleme oder anstehende Veränderungen werden keineswegs als etwas Schlechtes und Lästiges, sondern als etwas ganz Normales, als Herausforderung für das eigene Wachstum verstanden. Man fühlt sich von der Notwendigkeit zu Veränderung und Anpassung an andere Gegebenheiten nicht bedroht, sondern eher herausgefordert. Stabilität wird nicht unbedingt als erstrebenswert, sondern eher als Stillstand verstanden.

**Selbstvertrauen und positives Selbstwertgefühl:** Damit ist die Auffassung gemeint, alle erforderlichen Mittel und Fähigkeiten zu besitzen oder erwerben zu können, die man zur Lösung von Problemen benötigt. Damit eng verbunden ist das positive Selbstwertgefühl: die Ansicht, selbst eine wertvolle Person zu sein.

**Stabiles Selbst:** Selbstvertrauen und positives Selbstwertgefühl gehen in der Regel auch mit einem Gefühl innerer Sicherheit einher, einer Gewißheit, sich innerlich nicht ändern zu müssen.

**Unbekümmerte Selbsteinschätzung:** Man ist überzeugt, ruhig und zufrieden, ohne größere gefühlsmäßige oder psychische Reaktion auch mit starken Umstellungen fertig zu werden. „Es wird schon alles werden – ich schaffe es schon", das könnte etwa das Motto dieses Persönlichkeitszugs sein.

**Selbstaufmerksamkeit:** Die Beschäftigung mit sich selbst, den eigenen Problemen und Gefühlen erweist sich grundsätzlich ebenfalls als eine positive Eigenschaft – wahrscheinlich, weil so eine bessere und frühzeitige Einstellung auf Probleme möglich ist.

**Vertrauen zu anderen:** Gegen manche Vorurteile hat sich in wissenschaftlichen Untersuchungen immer wieder gezeigt, daß es eine positive Eigenschaft ist, auf Verläßlichkeit und Glaubwürdigkeit anderer Menschen vertrauen zu können.

Sowohl die Gesundheit als auch die psychische Stabilität scheinen bei solch „vertrauensseligen" Menschen stabiler als bei anderen.

**Humor:** Auch einmal lachen und die Dinge der Welt (einschließlich seiner selbst) leicht nehmen zu können, scheint für die Gesundheit wichtiger zu sein als so manches Medikament. Tatsächlich reagiert sogar das Immunsystem auf Humor günstig.

Die aufgeführten inneren Einstellungen und die Bewältigungsmöglichkeiten, auf die noch eingegangen wird, hängen durchaus zusammen. Sie sind aber nicht dasselbe. Bewältigungsmöglichkeiten beziehen sich auf ein konkretes Verhalten und lassen sich lernen. Innere Einstellungen müssen sich nicht unbedingt als Verhalten ausdrücken und sind weniger leicht „lernbar". Über lernbare Bewältigungsmöglichkeiten können jedoch die über einen langen Zeitraum erworbenen Lebenseinstellungen beeinflußt werden. Selbstvertrauen, Vertrauen in die eigenen Möglichkeiten, dies läßt sich zwar nicht „lernen" – aber es läßt sich „gewinnen", wenn Bewältigungsmöglichkeiten für Streßsituationen „gelernt" und eingesetzt werden und wenn sich dann Erfolge einstellen. Dies stärkt wiederum die überdauernde Zuversicht, mit solchen Situationen später wieder fertigzuwerden, und ebenso die innere Kontrollüberzeugung, die Ansicht, die Umgebung angemessen kontrollieren zu können. Wer also bedauernd feststellen muß, daß er über solch günstige Persönlichkeitsmerkmale wie Selbstvertrauen, innere Kontrollüberzeugung oder ein stabiles Selbst einfach nicht verfügt, hat keinen Grund zur Mutlosigkeit. Durch Lernen von Bewältigungsmöglichkeiten, ihren Einsatz und ihre Bewährung in der Praxis des täglichen Lebens lassen sich Vertrauen und Selbstvertrauen mit der Zeit eben doch noch gewinnen.

**Streßbewältigung – und damit Stärkung des Selbstvertrauens – kann jeder lernen**

## Der Einfluss sozialer Unterstützung

Daß soziale Unterstützung Auswirkungen auf die *geistige* Gesundheit hat, ist schon wiederholt festgestellt worden. Seit einigen Jahren sind die Bemühungen verstärkt worden, den Einfluß sozialer Unterstützung auf die *körperliche* Gesundheit zu klären. Eine Analyse von 55 Studien zu diesem Thema ergab, daß soziale Unterstützung die Gesundheit fördert bzw. einer Erkrankung vorbeugt. Durchgehend zeigte sich, daß die Bedeutung sozialer Unterstützung bei Frauen höher als bei Männern liegt. Außerdem wird auch mit steigendem Lebensalter soziale Unterstützung für die Gesundheit immer bedeutsamer.

Wichtiger als die Frage, ob ein funktionstüchtiges Netzwerk sozialer Beziehungen überhaupt vorhanden ist, ist die Frage nach der Art der Unterstützung, die es gewährt. In erster Linie hilfreich ist ein Netzwerk, das Trost, Zuwendung und tatkräftige Hilfe leistet. Bei Depressionen zeigt die Unterstützung durch den Lebenspartner die größte Wirkung. Bei der körperlichen Gesundheit ist es anders, hier tragen Freunde offenbar mehr bei als der Lebenspartner.

Wie wirkt aber nun soziale Unterstützung konkret? Die positive Wirkung von sozialer Einbettung auf die Gesundheit kann zum einen über die Beeinflussung des *Verhaltens* erklärt werden. Menschen mit häufigeren Kontakten und größerer Unterstützung haben einen besseren Zugang zu gesundheitsbezogenen Informationen, Ratschlägen und Dienstleistungen, die für die Vorbeugung oder Heilung von Krankheiten nützlich sein können. Durch soziale Netzwerke werden aber auch Gesundheitsnormen vermittelt. Diese können sich günstig, aber auch ungünstig auswirken (Beziehungen zu Rauchern oder Drogenabhängigen können beispielsweise über die Vermittlung ungünstiger Normen schaden).

Zum anderen kann sich der Einfluß sozialer Unterstützung über *physiologische* und *biochemische Wege* auswirken. Man kann sich dies so vorstellen, daß soziale Vereinzelung als streßhaft erlebt und so ein Krankheitsgeschehen in Gang gesetzt oder begünstigt wird. Umgekehrt kann soziale Unterstützung in Streßsituationen dazu beitragen, die physiologische Reaktion auf den Streß abzufedern. Die soziale Unterstützung hat über den Streß und die Vermittlung von Nerven- und Hormonsystem vermutlich auch einen Einfluß auf das Immunsystem.

**Kontakte sind auch für die Gesundheit wichtig. Positiv erlebte Kontakte können Streß abmildern und so einen Beitrag für die geistige und körperliche Gesundheit leisten – vor allem bei Frauen und bei älteren Menschen.**

# Die Kunst der Wahrnehmung

Am Anfang jedes Streßerlebens steht die Wahrnehmung. Wenn Streß im wesentlichen in der Bewertung bestimmter Sachverhalte besteht, so müssen diese Sachverhalte doch zunächst einmal wahrgenommen werden. Wahrnehmung aber ist keine so absolute Angelegenheit, wie es scheint. Sie ist ihrerseits stark von subjektiven Einflüssen geprägt. Auch in sie fließen Bewertungen bereits ein. Die Art und Weise, wie wir wahrnehmen, hat aber starken Einfluß darauf, ob wir einen bestimmten Sachverhalt als Streß bzw. als Streß einer bestimmten Größenordnung einschätzen. Wahrnehmung geschieht zwar – obgleich gelernt – im wesentlichen unwillkürlich, einen gewissen Einfluß auf unsere Wahrnehmung haben wir aber dennoch.

So ist es eine Sache, die unserer Kontrolle unterliegt, *wohin wir den Blick wenden.* Angelegenheiten, die ein großes Risiko in sich bergen, die harte Arbeit verlangen, die einfach *stressig* sind, versprechen oft auch einen großen Gewinn oder zumindest ein Erfolgserlebnis, wenn sie bewältigt werden. Worauf schauen wir nun? Schauen wir darauf, wie mühselig eine Sache ist, was alles im ungünstigsten Falle passieren könnte? Oder darauf, was für ein schöner Erfolg doch die Bewältigung wäre? Natürlich müssen Probleme zunächst erkannt werden, damit man sie bewältigen kann. Man darf also vor Risiken nicht einfach die Augen verschließen. Aber gerade bei langwierigen oder riskanten Angelegenheiten ist es sehr wichtig, auch einmal auf die positiven Aspekte zu schauen, auch wenn diese noch in der Zukunft liegen. Aber vielleicht gibt es sogar in der Gegenwart Positives zu entdecken? Und wenn es nur sein sollte: „Das ist eine gute Schule für mich", „Das muß man auch einmal mitgemacht haben".

Gerade langwierige Angelegenheiten erscheinen oft größer, wenn man sie als Ganzes betrachtet. Überwältigend ist ein Berg, der sich vor einem auftürmt. Löst man ihn aber in Besteigungsetappen auf, wird er gleich kleiner. Der Blick sollte also nach einer ersten Gesamtabschätzung nicht auf der Größe des Problems, sondern auf Ansatzpunkte zu seiner schrittweisen Bewältigung gerichtet sein.

Oft nehmen wir auch viel zuviele Informationen auf, Informationen, die bei der Bewältigung unserer Aufgaben nicht helfen, sondern nur ablenken oder gar verwirren und so Streß erzeugen. Wir leben in einem

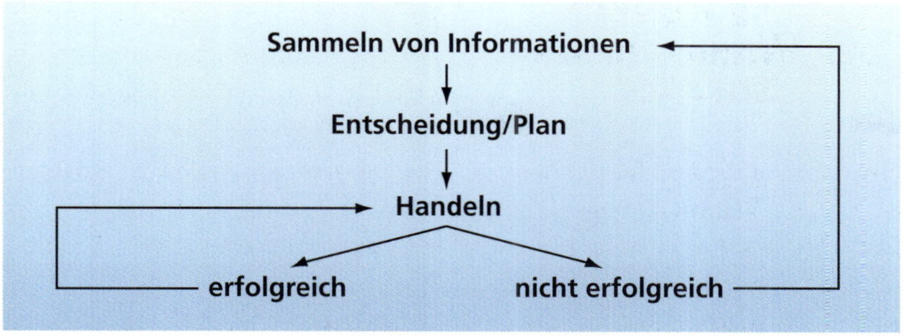


**Zuerst informieren, dann handeln**

Informationszeitalter: Informationen über alle Bereiche des Lebens und aus allen Ländern der Erde sind so schnell verfügbar, daß eigentlich nur die Durchsicht und Auswahl als Problem erscheinen. Zur Informationsflut gehört aber auch das Geschäft mit der Information. Information ist zu einem Marktwert geworden, sie wird entsprechend aufbereitet. Dabei geht häufig die äußerlich ansprechende Aufbereitung zu Lasten der eigentlichen Information. Wir werden zwar immer „mehr", aber auch immer oberflächlicher und schlechter informiert.

Heute ist also beim Umgang mit Informationen größere Kritikfähigkeit erforderlich als in früheren Zeiten. Welche Informationen sind tatsächlich wichtig? Dies ist eine wesentliche Frage dabei. Die zweite wichtige Frage lautet: Wie vertrauenswürdig ist diese Information? Die seriöse Darstellung von Informationen gehört mit zur Vermarktung und sagt noch nichts über den Wert einer Information aus. Deshalb ist die dritte wichtige Frage: Hat die Informationsquelle ein Interesse, die Nachricht in die eine oder in die andere Richtung zu verzerren?

Schließlich ist eine stärkere Entschlußkraft gefragt. Informationen lassen sich endlos sammeln, ohne daß sie noch etwas Wesentliches zu unserem Handeln beitragen. Immer neue Informationen lähmen häufig, statt zu unterstützen. Deshalb sollte eine klare Grenze gezogen werden, ab der mit dem Handeln begonnen wird.

Allerdings sollte man danach offen für die Frage bleiben: Reichen meine Informationen aus? Wenn nicht, dann muß eben noch einmal nachgeforscht werden.

**Prüfen Sie Informationen immer sehr sorgfältig**

Dabei sollte man auf die Tendenz des Menschen achten, im Verlaufe einer Tätigkeit fast nur noch Informationen aufzunehmen, die zur Weiterführung der Tätigkeit passen. Das hat durchaus seinen Sinn. Wenn wir dauernd von Zweifeln über den Sinn unserer Tätigkeit geplagt würden, könnten wir sie kaum optimal zu Ende bringen. Andererseits fallen Entscheidungen über den Abbruch einer Tätigkeit meist deutlich zu spät, weil Informationen über die Notwendigkeit einer solchen Entscheidung viel zu lange übersehen werden. Auch diese Tendenz sollte man kennen.

# Probleme lösen

**Schon die Wahrnehmung eines Sachverhalts kann unser Denken – und den Sachverhalt – verändern. Die Lösung der Probleme wird so wesentlich beeinflußt. Mit einer anderen Wahrnehmung ist es aber meist nicht getan. Oft wird auch ausdrückliches Handeln verlangt. Hierüber ist in diesem Kapitel einiges zu lesen.**

# Probleme lösen und der Umgang mit Zeit

Persönlichkeitseigenschaften und das Ausmaß sozialer Unterstützung kann man selbst kaum beeinflussen. Deshalb sollte man sich vor allem darauf konzentrieren, was man selbst unter Kontrolle hat oder lernen kann. Dazu wird hier zunächst ein formelles *Problemlösetraining* vorgestellt, dann folgen einige Abschnitte über spezielle Arbeitstechniken und den *Umgang mit Zeit.*

## Problemlösetraining

Probleme sind etwas ganz Normales; es wäre falsch, sich von ihnen bedrängt oder gar bedroht zu sehen. Wenn Probleme dennoch oft übermäßigen „Streß" verursachen, liegt das häufig an einer unangemessenen Sichtweise oder an falschen (zu vagen, verschwommenen) Strategien zu ihrer Bewältigung. Das Leben selbst mag zwar eine reichlich vage und undefinierbare Angelegenheit sein, Klarheit und Struktur haben sich aber immer noch als die besten Möglichkeiten erwiesen, mit Problemen fertigzuwerden.
Sieben Stufen einer erfolgreichen Problemlösung können unterschieden werden.

**STUFEN EINER ERFOLGREICHEN PROBLEMLÖSUNG**

- **Orientierung, allgemeine Einstellung**
- **Problemdefinition**
- **Finden von Lösungsalternativen**
- **Entscheidung**
- **Handlungsplan**
- **Umsetzung**
- **Überprüfung**

**Das Aufstellen einer solchen Gliederung stellt bereits den ersten Schritt zu einer erfolgreichen Problemlösung dar. Nun gilt es, die einzelnen Schritte nacheinander durchzugehen.**

### Orientierung, allgemeine Einstellung

Der erste Schritt ist meist wenig situationsabhängig. Er spiegelt die subjektive Seite wider, die persönliche Einstellung zu Problemen. Sie kann optimistisch oder pessimistisch sein. Was einen Optimisten und einen Pessimisten unterscheidet, läßt sich an einem Glas Wasser demonstrieren. Ob das Glas „halb voll“ oder „halb leer“ ist, es gibt nicht eine alleinige objektive Wahrheit, denn richtig ist beides. Hier zeigt sich vielmehr eine allgemeine Auffassung und emotionale Einstellung. Derselbe Unterschied wird deutlich, wenn pessimistisch oder optimistisch gestimmte Menschen vor einem Problem stehen: Der eine wird es als Bedrohung oder mindestens als etwas Ärgerliches betrachten, der andere als Herausforderung, an der er sich beweisen kann.

Jeder sollte wissen, zu welcher Sorte Mensch er selbst gehört. Hat man sich selbst einmal geprüft, kann man damit besser umgehen und wenn nötig gegensteuern. Betrachtet jemand ein Problem als etwas Bedrohliches, so neigt er dazu, sich weniger Situationen auszusetzen, in denen Probleme auftreten können. Da Wettbewerbssituationen zwangsläufig immer mit Problemen verbunden sind, kann eine solche Einstellung gerade für den beruflichen Aufstieg sehr ungünstig sein. Wenn man seine eigene Einstellung zu Problemen kennt, kann man dem eigenen Verhalten besser begegnen.

Probleme sollten also als etwas im Alltag ganz Normales angesehen werden. Wenn einem klar ist, daß man dazu neigt, hier eher aufzubauschen, sollte man sich ganz bewußt einen zusätzlichen geistigen Schubser geben und auf die Probleme zugehen, um sich von ihnen nicht einholen zu lassen. Je früher man ein Problem erkennt und sich ihm stellt, um so besser kann man es in der Regel auch bewältigen. (Probleme, die sich „von selbst erledigen“, sind – leider – immer nur die kleinen, unwichtigen; größere Schwierigkeiten pflegen zu wachsen, wenn man sie nicht rechtzeitig angeht.)

Sich dem Problem früh zu stellen heißt aber nicht, überstürzt zu handeln. (Tatsächlich folgt überstürztes Handeln meist auf ein zulange vernachlässigtes Problem.) Erst schauen, dann handeln: das ist die Reihenfolge. Und beides läßt sich besser sofort erledigen als später.

## Problembeschreibung

Wenn die emotionale Seite geklärt ist, wenn sich also jemand über seine grundsätzliche Abneigung gegen jede Art von Problemen hinweggesetzt hat und bereit ist, sich den Ärgerlichkeiten zu stellen, kommt die objektive Seite des Problems in den Vordergrund. Das streßverursachende Problem präzise erfassen und beschreiben zu können, ist Grundlage für eine erfolgreiche Streßbewältigung. Nur wenn man weiß, wo das Problem liegt, läßt es sich auch angehen. Meist werden Probleme viel zu allgemein gesehen und beschrieben. Das läßt sie oft größer aussehen, als sie sind. Zudem bieten sich dann kaum Ansatzpunkte für eine Lösung des Problems und für die Streßbewältigung. In der Regel ist ein Problem im Alltag eher vage, ohne rechte Konturen; man weiß zwar, in welcher Richtung es liegt, aber es ist zuwenig griffig, um Ansatzpunkte zu bieten. Ganz besonders ist das bei sozialen Problemen der Fall. In der

Problembeschreibung wird das Problem deshalb konkret gefaßt.
Bei der Problembeschreibung sollte man Allgemeinaussagen vermeiden, sondern konkrete Situationen und konkretes Verhalten beschreiben. Wenn es nicht um ein bestimmtes Verhalten geht, dann sollten konkrete Beispiele überlegt werden. Wichtig ist dabei, sich über die eigenen Verhaltensweisen, Gedanken (und Gefühle) und (manchmal auch) körperlichen Reaktionen, die mit der konkreten Situation verbunden sind, Rechenschaft zu geben.
Eine Problembeschreibung könnte sein: „Seit einiger Zeit verstehe ich mich überhaupt nicht mehr mit meiner Frau."
Natürlich können dahinter verschiedene Probleme stecken. Zu jedem Problem sollten Situationen aufgeführt werden, in denen es sich äußert. Beispielsweise: „Am Samstag unternimmt meine Frau lieber etwas zusammen mit Freundinnen als alleine mit mir, wie ich gerne möchte." Oder: „Wenn wir über die Erziehung unserer Tochter verschiedener Meinung sind, streiten wir gleich, keiner will nachgeben."
Um die Situation besser zu verstehen und um Ansatzpunkte für Gegenmaßnahmen zu finden, sollte man für jede Streßsituation ein konkretes Beispiel genau durcharbeiten. Folgende Punkte sind dabei zu berücksichtigen:

- Was ist wo und wann passiert?

Beispiel: Unser zweijähriges Kind ruft abends immer nach der Mutter. Meine Frau kommt auch ans Bett und erfüllt seine Wünsche. Ich meine, das ist falsch. Meine Frau meint, sie könne unsere Tochter doch nicht schreien lassen.

- Welche Gedanken und Bewertungen habe ich dazu?

Abgesehen davon, daß ich über die Erziehung in diesem Fall anderer Meinung bin, ärgert mich, daß meine Frau sich so bei unserem Kind beliebt macht, während ich der böse Rabenvater bin, der kein Verständnis für sein Kind hat. Das finde ich unfair.

- Was für Gefühle treten in der Situation auf?

Ich empfinde Ärger, ein Gefühl des Unverstandenseins und der Hilflosigkeit.

- Was für Körperempfindungen treten in der Situation auf?

Ich spanne mich an, das Herz beginnt zu rasen, ich bekomme nur noch schwer Luft.

- Wie verhalte ich mich in der Situation?

Ich versuche, mich zu beherrschen, werde meistens aber dann doch laut, was mich noch mehr ärgert. Oder ich sage gar nichts mehr und fresse es in mich hinein, was mich aber genau so ärgert.

- Welche Nachwirkungen hat die Situation?

Wir reden den Abend kaum noch miteinander. Und wenn, dann nur knapp und über belanglose Dinge.

Entsprechend wären diese Fragen auch bei den Unternehmungen am Wochenende zu stellen, die sich der Mann anders wünscht. Es ist vorteilhaft, die Fragen schriftlich zu beantworten. Denn beim Aufschreiben muß man seine Gedanken klar formulieren. Beim bloßen Nachdenken bleiben die Antworten oft zu vage. Sie können dann später nicht richtig geprüft und auf Ansatzmöglichkeiten für Verbesserungen hin untersucht werden.

Wichtig ist auch die Frage nach den (vermutlichen) *Ursachen* des Problems. Dabei sollte man sich – besonders bei sozialen Problemen – vor einer Anklageposition hüten. Statt dessen sollte man formulieren, was für einen selbst das Problem ist. Ein Beispiel für eine ungünstige Formulierung bei einem sozialen Problem wäre: „Du bist einfach zu faul, immer muß *ich* den Abwasch machen." Der Ich-Bezug – an sich sehr wünschenswert – ist hier zwar vorhanden, aber im Sinne einer Anklage. Außerdem beginnt die Aussage mit einer Unterstellung. Günstiger im Sinne einer späteren Problemlösung wäre etwa folgende Formulierung: „Mich ärgert, daß du nicht abwäschst".

**Die richtige Formulierung einer Frage nach der Ursache eines Problems ist wesentlich**

Unsere Problemformulierungen legen bereits die Geleise für spätere Entwicklungen. Die erste Formulierung („Du bist einfach zu faul …") wird aller Voraussicht nach in einem Streit enden, die zweite („Mich ärgert …") bietet immerhin Ansätze für eine mögliche Lösung. Bei beiden geht es um dasselbe Problem. Wichtig ist also, daß man sich auch über seine *Ziele* im klaren ist und bereits die Problemformulierung danach gestaltet.

Weiter wichtig ist die Frage nach *Hindernissen* für eine erfolgreiche Problembewältigung sowie nach möglichen *Hilfen*.
Manchmal, wenn das Problem gar zu groß erscheint, hilft auch eine Unterteilung in Einzelbereiche, die dann voneinander getrennt angegangen werden.

## Finden von Lösungsalternativen

Das Wort *„Lösungsalternativen"* sagt es schon deutlich: Es gibt immer mehr als nur *eine* Möglichkeit, ein Problem anzugehen Und die beste muß keineswegs die sein, die einem als erstes einfällt. Man sollte sich von der ersten oder angeblich einzigen Lösungsmöglichkeit nicht verführen lassen. Statt dessen gilt es zu sammeln: Welche Lösungsmöglichkeiten sind *denkbar?* Zunächst wird nur gesammelt. Das Einschätzen, das Verwerfen oder Gutheißen ist erst der nächste Schritt. Es ist positiv, wenn viele Lösungsmöglichkeiten gefunden werden. Dabei sollte man aber nicht nur auf die Vielzahl der Möglichkeiten schauen. Wichtig ist, möglichst *verschiedene* Lösungsmöglichkeiten zu suchen, das Pferd ruhig auch einmal vom Schwanz her aufzuzäumen (und dann vielleicht festzustellen, daß man bisher nur immer Schwanz und Mähne verwechselt hat). Kleinere Veränderungen lassen sich später immer noch durchführen.
Wenn man sich erst einmal auf einen Weg konzentriert hat, fällt es schwer, sich noch für einen ganz anderen Lösungsweg zu entscheiden. Deshalb sollten beim ersten Sammeln die Lösungsmöglichkeiten aus möglichst verschiedenen Bereichen stammen. Lösungsmöglichkeiten können sich aus einer Verhaltensänderung ergeben, aus einem veränderten Umgehen mit den eigenen Gefühlen, aus Problemzuwendung oder -abwendung oder daraus, ob man die Umwelt, die Rahmengegebenheiten, die Anforderungen oder das eigene Verhalten ändert oder versucht, auf das Verhalten anderer Einfluß zu nehmen.
Es hat sich als günstig herausgestellt, sich eine Liste mit den möglichen Lösungsalternativen anzulegen. So geht nichts verloren, und alle Möglichkeiten liegen gleichermaßen zur *Entscheidung* vor.

**Möglichst verschiedene Lösungsmöglichkeiten verhindern, schnell in einer Sackgasse zu landen**

## Entscheidung

Bei der Entscheidung zwischen den verschiedenen Lösungsalternativen sollten einige Fragen berücksichtigt werden:

- Bringt mich die Lösung zu meinem Ziel?

Um klar entscheiden zu können, muß das Ziel klar sein. Gibt es mehrere Ziele, die sich womöglich auch noch widersprechen (z. B. eine bestimmte Sache möglichst *schnell* und möglichst *gut* zu machen), muß gewichtet werden.

- Ist die Lösung überhaupt zu realisieren?
- Handelt es sich um eine kurz- oder langfristig tragbare Lösung?

Kurzfristige Lösungen sind meistens verlockender, dennoch sollten längerfristige stärker gewichtet werden. Der allgemeinen menschlichen Tendenz, kurzfristige positive Lösungen anzunehmen und damit verbundene langfristig negative Konsequenzen zu ignorieren, sollte man sich bewußt sein, damit man ihr entgegenwirken kann.

- Was kostet mich die Realisierung der einzelnen Lösungsmöglichkeiten (an Geld, an Zeit, an Einsatz, an Überwindung)?
- Läßt sich die Lösung mit den Bestrebungen meiner Umgebung vereinbaren (oder verärgere ich beispielsweise damit jemanden, was mir später schaden könnte)?
- Welches Risiko gehe ich ein, wenn mein Plan mißlingt? Wie wahrscheinlich ist dieses Risiko?

Gefährliche Risiken wird man selbst dann kaum eingehen wollen, wenn sie sehr unwahrscheinlich sind. Wenn das Mißlingen eines Planes weniger gravierende Folgen hat, werden die Lösungsmöglichkeiten die meisten „Punkte" sammeln, bei denen das Risiko des Mißlingens kleiner ist.

Generell wichtig ist also, bei jedem Lösungsvorschlag möglichst alle Konsequenzen (kurz- *und* langfristige) für sich selbst und andere, ihre Qualität (erwünscht, neutral, nicht erwünscht) und vor allem ihre Realisierbarkeit einzuschätzen. Offensichtlich völlig ungeeignete Lösungsalternativen werden verworfen, die mehr oder weniger gut geeigneten in eine Rangfolge gebracht. Die beste Lösung wird dann verwirklicht. Es ist aber günstig, die anderen möglichen Lösungen nicht völlig aus den Augen zu verlieren, denn vielleicht muß die Entscheidung später geändert werden, so daß die Alternativen wieder interessant werden könnten.

## Handlungsplan

Nun wird für die gewählte Lösungsalternative ein Handlungsplan aufgestellt. Er sollte möglichst konkret sein und Zeit, Ort, zu beteiligende Personen und die einzelnen Schritte festlegen.

## Umsetzung

Und dann wird gehandelt. Wenn es möglich ist, sollte der Lösungsansatz zunächst in einfachen Situationen bzw. an gut überschaubaren Aufgabenstellungen ausprobiert werden.

## Überprüfung

Auch die bestgeplante Handlung sollte aber nicht *blind* durchgeführt werden. Vielleicht erweisen sich einzelne Überlegungen in der Praxis als nicht richtig (oder gar der gesamte Lösungsweg ist viel zu optimistisch beurteilt). Deshalb gilt es, die Augen offenzuhalten und zu schauen, ob die angestrebten Ziele tatsächlich erreicht werden, und ob sich etwas an meinen ursprünglichen Bewertungen ändert (vielleicht erreiche ich meine Ziele, aber die Kosten sind zu hoch). Dieser Schritt besteht also ganz wesentlich aus dem Sammeln von Informationen über die Ergebnisse meines Tuns.

Bin ich nicht zufrieden, dann muß ich abwägen, ob ich die Ergebnisse dennoch hinnehme. Oder sollte ich (kann ich noch) meine Vorgehensweise korrigieren? Je nachdem, wo die Schwachstellen einer Lösungsalternative liegen, geht man dann zum Handlungsplan zurück, um kleinere Umstellungen vorzunehmen, oder man entscheidet sich – unter den geänderten Voraussetzungen – für eine andere Lösungsmöglichkeit.

Dies sind die Schritte einer optimalen Problemlösung. Je nach Problem und Umfeld wird manches mehr oder weniger Gewicht haben, die wesentliche Abfolge bleibt aber erhalten. Wichtig ist, eine Lösungsalternative *bewußt* auszuwählen und dann konsequent in die Tat umzusetzen.

Dabei muß man bereit sein, auch einiges zu vernachlässigen – sonst bleibt man ewig in der Theorie stecken. Bevor man etwas vernachlässigen darf, muß vorher bewußt entschieden werden, ob das für die Lösung des Problems wirklich ohne Bedeutung ist.

## Umgang mit Zeit

Zeit ist ein merkwürdiges Phänomen. Uhren zeigen sie an, teilen sie ein in genau gleiche Abstände – aber dem Menschen scheint sie ganz unterschiedlich schnell zu vergehen. Mit zunehmendem Alter scheinen die Tage immer kürzer zu werden, für ein Kind sind sie sehr lang, kaum überschaubar! Und auch innerhalb eines Tages ändert die Zeit sich sehr. Wenn jemand nichts zu tun hat, steht ihm nicht nur objektiv viel „Zeit“ zur Verfügung, auch die Dauer der einzelnen Stunden scheint ihm viel länger. Für die Vielbeschäftigten können die Stunden wie rasend vergehen.

Zeit, mindestens aber das Zeiterleben, hat offensichtlich etwas mit *Struktur* zu tun. Wird dem freien Fluß der Zeit eine Struktur gegeben, scheint sie subjektiv schneller zu vergehen. In früheren Jahrhunderten wurde die Zeit wesentlich weniger strukturiert als heute. Der allgemeine Gebrauch von Uhren setzte erst mit der Industrialisierung ein, als zur Koordinierung der Produkti-

onsvorgänge eine exakte Zeitmessung zwingend nötig wurde. Unsere Zeit vergeht wegen ihrer stärkeren Strukturierung wohl rascher als die subjektive Zeit früherer Jahrhunderte. Durch diese Strukturierung bringen wir aber mehr darin unter.

> **Mehr Inhalt in subjektiv weniger Zeit – das scheint das paradoxe Ergebnis unserer zeitlich stark strukturierten Lebensweise zu sein.**

Die Strukturierung der Zeit ist eine wichtige Voraussetzung, um mit erhöhten Anforderungen, denen die meisten Menschen heutzutage ausgesetzt sind, fertigzuwerden. Hier ein paar nützliche Tips:

## Strukturierung

Handlungen sollten auch in ihrem Zeitablauf gut geplant sein. Wieviel Zeit ist für die einzelnen Schritte (siehe oben S. 34) einzuplanen? Eine solche Planung ist wichtig, weil ohne Plan für die ersten Schritte häufig zuviel Zeit verwendet wird. Dies führt später zu unnötigem Termindruck und kann die Qualität des Arbeitsergebnisses verschlechtern. Bei der Planung sollte man zwischen wichtigen und weniger wichtigen Aktivitäten unterscheiden. Wenn möglich, sollten die weniger wichtigen Aktivitäten über die zur Verfügung stehende Zeit verteilt werden – zum Schluß eher etwas reichlicher als zu Beginn, damit man bei Zeitnot weniger wichtige Angelegenheiten weglassen kann und sich nicht am Schluß gerade die besonders wichtigen drängen und nur noch bei ihnen Abstriche gemacht werden können. Es ist günstig, die zu erledigenden Arbeiten am Anfang klar nach ihrer Wichtigkeit einzuschätzen (Prioritätenliste). Dann weiß man, wenn die Zeit knapp wird, schnell, welche weggelassen werden können.

Manchen Menschen hilft es, wenn sie am Abend kurz die Angelegenheiten des nächsten Tages durchgehen und eventuell vorbereiten. Damit zu Bett gehen sollte man aber keinesfalls. Das bewußte Durchdenken kann verhindern, daß sich die Dinge von selbst melden, wenn nichts anderes mehr drängt, und einen bis in den Schlaf verfolgen. Wenn man den nächsten Tag kurz durchdacht hat, sollte deshalb ein klarer Strich gezogen werden.

Planungen für die fernere Zukunft fallen leichter, denn Probleme erscheinen kleiner, wenn sie noch weit entfernt sind. Solche „ferneren" Planungen können vorteilhaft sein, wenn man sich Mut machen will, bestimmte Dinge endlich anzugehen. Sie können aber auch dazu führen, daß man die Probleme unterschätzt und die Angelegenheit daran scheitert.

Wenn Ihnen die Strukturierung einer Arbeit schwerfällt oder sie sehr unübersichtlich ist, stellen Sie eine Fragenliste auf und haken sie ab. Hilfen sind die Fragewörter: wer, wann, wo, was, wie. Oft schadet auch ein „warum" nicht.

## Verdrängung unter Streß

Gerade bei Zeitmangel ist es wichtig, sich genau zu überlegen, ob das, was man gerade tut, auch zum angestrebten Ziel führt. Unter Zeitdruck stellt man solche Fragen in der Regel eher selten und verbraucht deshalb womöglich mehr Zeit als eigentlich erforderlich.

Normalerweise leidet unter Zeitdruck auch die Qualität einer Arbeit. Deshalb sollte in solchen Situationen – auch wenn man gerade *keine* Zeit zu haben meint – besonders sorgfältig kontrolliert werden. Gerade an Qualität und Kontrolle wird unter Zeitdruck aber am ehesten gespart. Um diese Tendenz sollte man wissen (und deshalb auch andere, wenn man gute Ergebnisse von ihnen erwartet, nicht zu sehr unter Zeitdruck setzen).

Es wird mit nichts soviel Zeit vergeudet wie durch zu schnelles, hastiges, unüberlegtes und damit oft falsches Handeln. Es ist besser – und kommt der Qualität zugute –, für eine bestimmte Arbeit die erforderliche Zeit in Anspruch zu nehmen anstatt hastig zu handeln und deshalb wegen Fehler und nötiger Wiederholungen am Ende doppelt soviel Zeit zu verbrauchen.

Angelegenheiten, die besondere Konzentration und Kreativität verlangen, sollte man nicht gerade in seinem Tagestief (meist am frühen Nachmittag) angehen, sondern in die Stunden legen, in denen man sich am frischesten fühlt (meist morgens, das kann aber je nach Person schwanken). Weniger bedeutsame Angelegenheiten und Routinearbeiten sollten dagegen eher während des Leistungstiefs erledigt werden.

Denken Sie daran, daß unter Zeitdruck vor allem die weitere Planung und kreative Gestaltung leidet. Wenn Sie unter Zeitdruck stehen, richten Sie sich deshalb eine bestimmte Zeit ein, in der Sie sich nur mit dem gerade nicht Drängenden, aber längerfristig Wichtigen beschäftigen.
Absagen sollten Sie nicht zu lange hinauszögern.

## ■ Zeitsparen

Routinetätigkeiten sollten nicht immer wieder neu geplant werden müssen. Strichlisten, die einmal erstellt wurden und dann immer wieder verwendet werden, können hier helfen.
Wenn etwas zur Gewohnheit geworden ist, scheint die Zeit oft schneller zu vergehen (die Arbeit geht einem meist auch tatsächlich schneller von der Hand). Das hilft bei unangenehmen Dingen, die immer wieder erledigt werden müssen. Richten Sie hierfür einen festen Termin ein, beispielsweise eine bestimmte Stunde eines bestimmten Tages, in der Sie regelmäßig die unangenehmen Routineangelegenheiten erledigen.

## ■ Weitere Tips

- Jede beliebige Tätigkeit hat das natürliche Bestreben, alle zur Verfügung stehende Zeit voll auszufüllen. Überprüfen Sie diesen Satz hin und wieder, und denken Sie an die daraus folgenden Konsequenzen.
- Richten Sie bei der Planung einen zeitlichen Puffer ein. Je nach Tätigkeit kann er verschieden ausfallen, 10 % der geplanten Arbeitszeit sind in etwa angemessen. Bei neuen Aufgaben planen Sie mindestens doppelt soviel Zeit ein, wie Sie zu brauchen glauben! Bei Routineangelegenheiten können Sie den Zeitrahmen enger fassen.
- Machen Sie es sich zum Grundsatz, Termine einzuhalten.
- Legen Sie ab und zu eine Entspannungspause von 2 bis 3 Minuten Dauer ein. Gerade wenn „absolut keine Zeit" sein sollte: Entspannung kann wieder Ruhe in Ihre Tätigkeit bringen und so zur Verbesserung der Arbeitsleistung beitragen.

„Und jetzt ist Schluß!", dieser Satz sollte zu Ihrem alltäglichen Arbeitsrepertoire gehören.
Der bewußte Umgang mit Zeit zur besseren Bewältigung von Arbeitsanforderungen ist also wichtig. Strukturierung der Zeit sollte aber eines gerade nicht bedeuten: die Herrschaft der Termine und künstliche Zeiteinteilung über den Menschen. Statt dessen geht es darum, eine gegebene Flut von Anforderun-

gen so zu leiten, zu kanalisieren, daß sie am besten bewältigt werden kann und der Mensch nicht Sklave, sondern Meister seiner Tage wird.

## Kleine Arbeitstechniken

Wichtig ist es, sich einen *Überblick* über die zu leistende Arbeit zu verschaffen. Von oben gesehen erscheint alles kleiner, der Berg wird zu einem bewältigbaren Hügel. Einen Überblick gewinnt man durch einen Plan. Planen und Ordnen ist der erste Schritt zur Bewältigung einer Arbeit, der auch alle folgenden Schritte einfacher erscheinen läßt und tatsächlich vereinfacht. Erstellen Sie also einen Plan, einen Überblick, eine Gliederung dessen, was Sie eigentlich vorhaben.

Lassen Sie in Ihrer Planung, in Ihrer konkreten schriftlichen Fixierung, Möglichkeiten offen, um spätere Einfälle noch nachzutragen und einzuarbeiten. Achten Sie auch bei der zeitlichen Planung auf entsprechenden Spielraum.

Beginnen Sie mit einer groben Planung und einer vorläufigen Gliederung. Erst wenn diese zufriedenstellend ausfällt, kommt die nähere Ausarbeitung an die Reihe.

Auch Planung kann man übertreiben. Selbstverständlichkeiten oder Dinge, die sich ohne weiteres aus übergeordneten Punkten ergeben, läßt man besser weg. Es hilft nicht weiter, jeden Schritt und jede Handbewegung vorauszuplanen. Die Planung sollte soweit und so detailliert betrieben werden, wie sie hilft. Hier ist auch die eigene Persönlichkeit nicht unwichtig. Ein Mensch, der eher zu spontanem Handeln neigt, sollte lieber etwas mehr planen und systematisieren, als es ihm selbst nötig erscheint. Wer sich als sehr genau und perfektionistisch einschätzt, sollte eher etwas unter den eigenen Ansprüchen bleiben.

Denken Sie an Pausen! Ohne Pausen läßt die Arbeitsleistung nach. Mit frischen Kräften läßt sich eine Arbeit oft schneller bewältigen, selbst wenn man die Pausenzeiten dazurechnet.

Auch sich ununterbrochen immer nur mit derselben Sache zu beschäftigen, läßt die Arbeitsleistung sinken. Wechseln Sie ab, etwa zwischen zwei zu leistenden Arbeiten (wovon aber eine klaren Vorrang haben sollte) oder zwischen zwei Teilgebieten einer Tätigkeit.

Wir leben in einem Informationszeitalter. Die Masse von Informationen zu allen beliebigen Themen ist unübersehbar. Den richtigen Zugang zu den Informationen zu finden, die für einen selbst und für die eigene Arbeit wichtig sind, ist deshalb sehr wichtig. Zudem sind sehr viele Informationen nicht objektiv, sondern nachträglich aufbereitet und von allen möglichen Interessen beeinflußt. „Wie komme ich zu den Quellen?" ist deshalb eine wichtige Frage – gerade am Anfang einer Arbeit. Denn eine Arbeit, die auf falschen Informationen aufbaut, kann selbst kaum richtig werden. Je nach Arbeit ist der Zugang zu Informationen unterschiedlich.

**Planen und Ordnen ist der erste Schritt zur Bewältigung einer Arbeit**

Falls Sie eine schriftliche Arbeit verfassen wollen, wenden Sie sich an eine Universitätsbibliothek, und nutzen Sie dort die vielfältigen Möglichkeiten; scheuen Sie dabei auch den Umgang mit Datenbanken usw. nicht. Andere Arbeiten werden Nachfragen bei Behörden, Institutionen oder Fachverbänden nötig machen. Überlegen Sie vorher, ob Sie schriftlich oder mündlich (telefonisch) nachfragen wollen. Eine schriftliche Anfrage dauert länger, ist oft kürzer, aber andererseits auch verbindlicher als ein Telefongespräch. Bei einem Telefonat oder im persönlichen Gespräch können Sie sofort nachfragen, wenn Ihnen etwas unklar ist. Von dieser Möglichkeit sollten Sie auch Gebrauch machen: „Ahnen“ Sie nicht, was eine bestimmte Bemerkung, eine bestimmte Information zu bedeuten hat, sondern haken Sie nach!

Nicht weniger wichtig als das Einholen von Informationen ist die Weiterverarbeitung. Wenig sinnvoll, aber immer noch praktiziert ist folgende Methode: Alles wird spontan auf einige kreativ im Zimmer verteilte Papierstöße deponiert. Diese Papierstöße werden von Zeit zu Zeit einmal durchgegangen, und dabei zerreißt man dann in einem Anfall von Papierhaß alles, was halbwegs verzichtbar erscheint, und transportiert es mit einem Schubkarren zur nächsten Altpapiersammelstelle. – Es gibt Alternativen!

Aktenordner sind zwar nicht sehr ansehnlich, aber meist unverzichtbar. Auch ein gutes Register hilft Ordnung halten. Karteikarten haben gegenüber gebundenen Notizbüchern den Vorteil, daß sie ohne weiteres ergänzt bzw. entnommen werden können. Computer haben für den Zugriff enorme Vorteile (beispielsweise Suchfunktionen für bestimmte Begriffe, mit denen sich umfangreiches Datenmaterial in kürzester Frist durchforsten läßt). Allerdings lassen sich damit nicht alle Daten erfassen. So ist es kaum sinnvoll, alle eingehende Post in den Computer einzulesen.

Wie bei jedem anderen Ablagesystem ist es auch beim Computer wichtig, die Daten in einer sinnvollen Ordnung abzulegen, so daß sie leicht wieder auffindbar sind. Und noch ein wichtiger Hinweis zum Umgang mit dem Computer: Legen Sie in regelmäßigen Abständen Sicherheitskopien Ihrer Daten an und verwahren Sie diese getrennt von Ihrem Computer.

Wenn Sie häufig Schreibtischarbeit zu erledigen haben, sollten Sie sich etwas mit Büroorganisation beschäftigen. Selbst wenn das zunächst etwas Zeit kostet, zahlt es sich auf Dauer aus und hilft, Streß am Schreibtisch zu vermeiden.

Wir werden mit Daten überhäuft. Beschäftigen Sie sich nicht solange damit, Informationen aufzunehmen, zu ordnen, abzulegen und zu sichten, wie es *möglich* ist (angesichts der Datenflut dürfte das fast unbegrenzt lange möglich sein), sondern beschäftigen Sie sich damit nur solange *wie nötig.* Die Frage „Wozu mache ich das hier eigentlich gerade?" ist vor allem beim Umgang mit Daten sinnvoll. Beschäftigen Sie sich mit Informationsgewinnung und -verarbeitung, solange es Sie in Ihrer Arbeit weiterbringt (und Sie Zeit und Geld dafür haben). Wenn Sie unsicher sind, fragen Sie sich, was Sie nun mehr weiterbringt: weiteres Datensammeln oder eigenes kreatives Arbeiten. Im Zweifelsfall entscheiden Sie sich für das eigene Arbeiten und stellen sich nach einiger Zeit die Frage noch einmal. Informationslücken lassen sich auch dann noch schließen.

Oft erscheint eine bestimmte Arbeit als Ganze betrachtet viel zu groß. Das schwächt die Motivation und erzeugt ein Gefühl der Entmutigung. Deshalb sollten mittlere und vor allem große Arbeiten in Teilschritten angegangen werden. So wird die Arbeit nicht nur überschaubarer, gemessen an einem Zwischenziel läßt sich auch besser ein Arbeitserfolg ablesen. Erfolg ist aber sehr wichtig für die weitere Arbeit. Diese wird nach einem erfolgreich beendeten Teilschritt ganz anders angegeben, als wenn das Gesamtziel zu weit entfernt ist, um motivieren zu können. Feiern Sie auch einmal einen erreichten Erfolg! Für viele Arbeiten (und für die Tagesplanung) können Abhaklisten helfen, nichts zu vergessen. Die einzelnen Punkte stellen sozusagen Unterziele dar, das Abhaken nach erfolgreicher Erledigung entspricht einer kleinen Belohnung und wirkt motivationssteigernd für die weitere Arbeit.

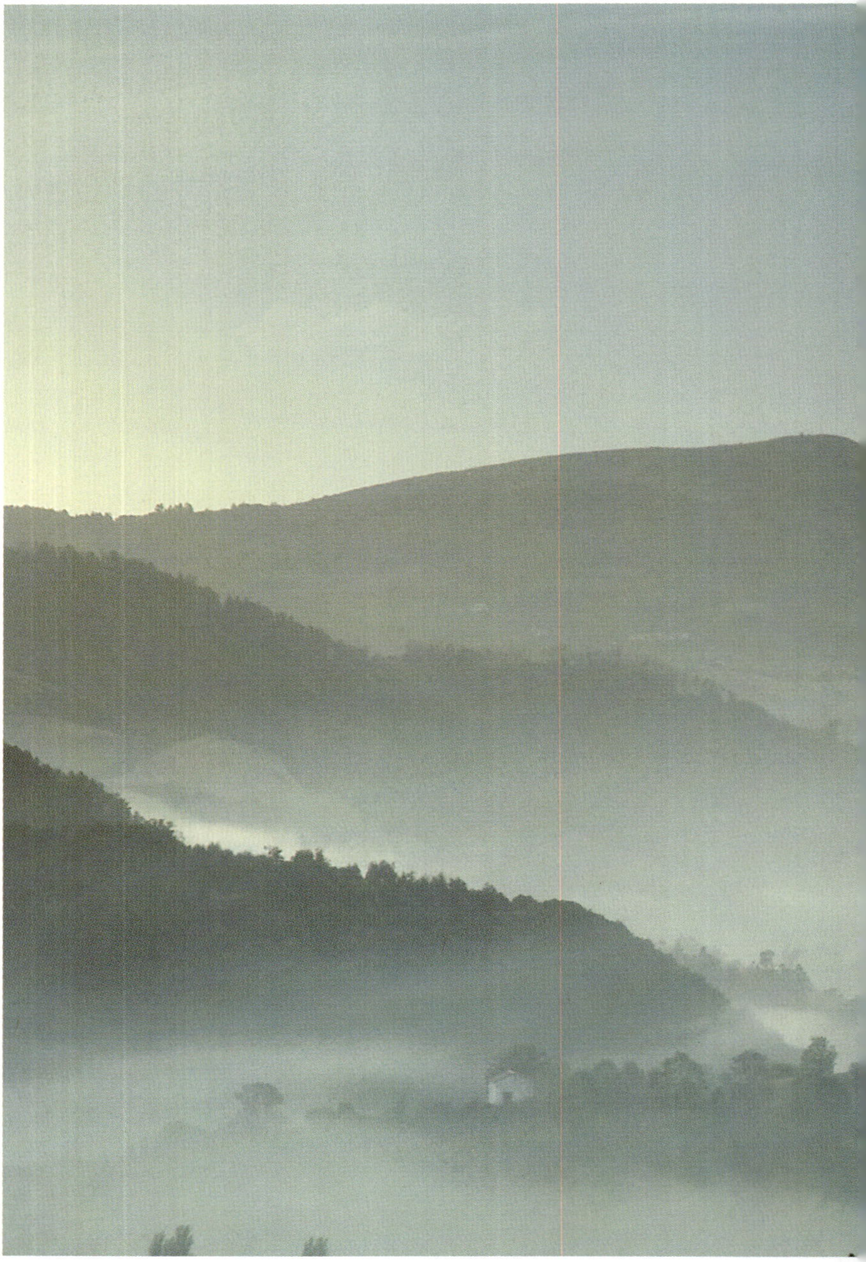

# Entspannung

**Entspannung und Streß sind nicht miteinander vereinbar. So liegt es nahe, durch die Förderung eines entspannten Zustandes Streß zu begegnen. Wie dies gemacht werden kann, erfahren Sie in diesem Kapitel.**

# ENTSPANNUNG AKTIV FÖRDERN

Entspannung kann man lernen. Die Übungen dazu sollten zunächst regelmäßig zu Hause durchgeführt werden – um zu lernen und eine allgemeine Beruhigung zu erreichen. Beherrscht man eine Entspannungsübung gut, kann sie auch vor und in bestimmten Streßsituationen eingesetzt werden. Regelmäßiges Üben zu Hause dient auch der Vorbereitung auf die Entspannung in einer Streßsituation. Schon die Regelmäßigkeit des Übens kann – ganz abgesehen von dem Entspannungseffekt der Übung selbst – einiges zur Streßlinderung beitragen. Und wenn manchmal die Geduld fehlt: Machen Sie daraus eine eigene Übung. Geduld ist nämlich auch etwas, was gerade streßgeplagten Menschen abhanden gekommen ist. Es ist bereits ein wichtiger Schritt bei der Streßbewältigung, sie wiederzufinden. Die Regelmäßigkeit der Entspannung kann auch dabei helfen.

Entspannung wird am leichtesten im Liegen gelernt. Für den praktischen Einsatz in Streßsituationen sind Sitzhaltungen aber ungleich wichtiger. Es kann deshalb vorteilhaft sein, mit Übungen im Sitzen zu beginnen. Wenn Ihnen Entspannung schwerfällt, versuchen Sie es zunächst jedoch besser in der Liegehaltung.

*Liegehaltung der Entspannung* (siehe Abbildung unten). Der Übende liegt auf einer bequemen, nicht zu harten, nicht zu weichen Unterlage,

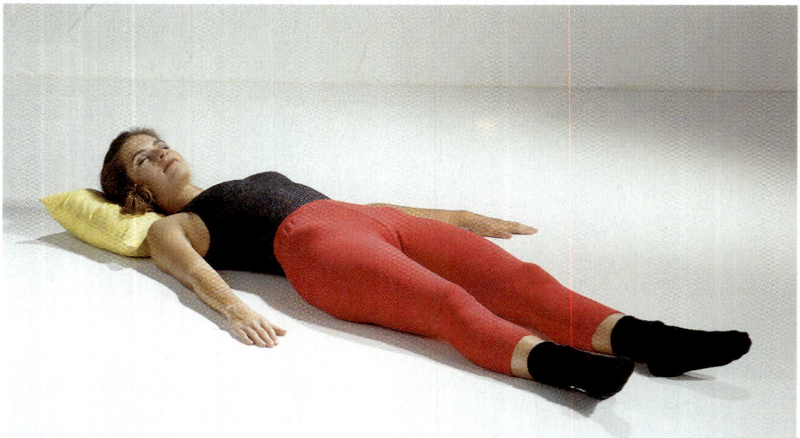

**Liegehaltung**

und zwar auf dem Rücken. Die Beine liegen nebeneinander, sie überkreuzen sich nicht. Eine entspannte Beinhaltung erkennt man daran, daß die Fußspitzen leicht auseinanderfallen. Versuchen Sie einmal, die Fußspitzen gerade aufzurichten und dann auseinanderfallen zu lassen. Achten Sie dabei auf die unterschiedliche Anspannung der Muskulatur. Unter die Kniebeugen und den Nacken können kleine Kissen oder Rollen gelegt werden. Die Hände liegen neben dem Körper. Die Haltung sollte so bequem und natürlich wie möglich sein. Die Augen zu schließen erleichtert die Entspannung.

*Sitzhaltungen der Entspannung.* Zum *angelehnten Sitzen* (siehe Abbildung unten links) setzen Sie sich bequem auf einen Stuhl oder Hocker. Die Füße stehen fest nebeneinander auf dem Boden. Die Hände liegen mit den Handflächen auf den Oberschenkeln, ohne sich zu berühren. Wenn eine Lehne vorhanden ist, kann der Rücken angelehnt werden – wenn nicht, beugt sich der Oberkörper leicht nach vorne (das Sitzen muß also *nicht* unbedingt im wörtlichen Sinne *angelehnt* sein). Die Augen werden am besten geschlossen.

*Königshaltung* (siehe Abbildung unten rechts). Sie entspricht weitgehend der angelehnten Sitzhaltung: Füße fest auf den Boden, nicht überkreuzt, Hände auf den Oberschenkeln, ohne daß die Hände sich berühren. Die Augen sind möglichst geschlossen. Im Unterschied zum angelehnten Sitzen ist der Oberkörper betont aufrecht, die Wirbelsäule gestreckt; ebenfalls aufrecht ist der Kopf.

Probieren Sie beide Sitzhaltungen aus. Wenn Sie eine Zeitlang beide nebeneinander in der Entspannung verwenden, werden Sie feststellen, daß ihre Wirkungen etwas verschieden sind. Das angelehnte Sitzen geht mehr in Richtung der Entspannung, wie sie auch vor dem Schlaf eintritt, die Königshaltung ist eher konzentrativ ausgerichtet. Je nach

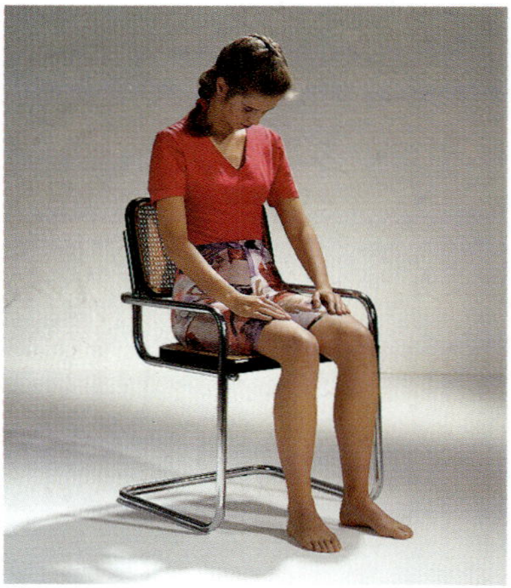

**Angelehntes Sitzen**

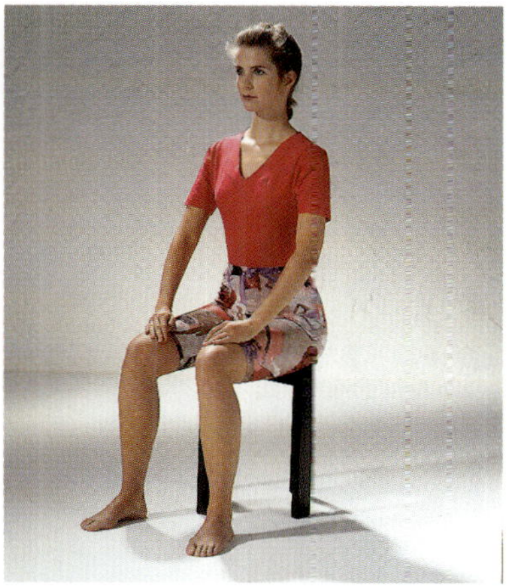

**Königshaltung**

Situation wird manchmal die eine oder die andere Entspannungshaltung besser sein. Deshalb sollten Sie beide lernen. Je nachdem, wohin Ihre Entspannung in einer bestimmten Situation zielen soll, können Sie dann die eine oder die andere einsetzen: das angelehnte Sitzen zur Beruhigung, die Königshaltung zum Sammeln neuer Energie.

Die beschriebenen Entspannungshaltungen sind die wichtigsten und am besten erlernbaren. Wenn aber bereits eine andere Haltung bekannt und gut eingeübt ist, kann auch diese verwendet werden. Vor allem der *Lotussitz* (siehe Abbildung unten links) eignet sich sehr gut für eine konzentrative Entspannung, ist aber nicht ganz leicht zu erlernen. Auch die etwas einfachere Version, der *halbe Lotussitz* (siehe Abbildung unten rechts), ist recht schwierig zu lernen. Zudem ist er anfangs auch viel zu unbequem. Die oben beschriebenen Haltungen genügen für unsere Zwecke.

In den einzelnen Übungen auf den folgenden Seiten wird meist eine bestimmte Entspannungshaltung genannt. Das sollen jedoch nur Richtlinien sein. Je nach Ihren Vorlieben und vor allem der Situation, in der Sie die Entspannung einsetzen wollen, können Sie dort auch eine andere der oben aufgeführten Haltungen wählen.

Zu diesem Buch gehört eine Kassette. Entspannungsübungen sind darauf mit Musik unterlegt zu hören. Erfahrungsgemäß lernen die meisten Menschen Entspannung auf diese Art leichter. Sie sollten aber später, wenn Sie die Übungen etwas „im Griff" haben, auch in Alltagssituationen üben, wenn Sie die Kassette nicht einsetzen können. Beginnen Sie also mit dem Lernen von der Kassette, vertiefen Sie dann die Entspannung unter Einsatz der Kassette zu Hause und ohne Kassette in Streßsituationen. Schließlich legen Sie das Schwergewicht auf die Entspannung ohne Kassette.

**Lotussitz**

**Halber Lotussitz**

## ENTSPANNUNG PUR

Entspannungstechniken gibt es viele. Es ist weniger wichtig, welche man wählt. Wichtig ist, daß man sie einsetzt, und zwar richtig einsetzt. Dazu muß man sie zunächst einmal erlernen. Die Erfolge der verschiedenen Entspannungsverfahren sind in etwa gleich gut. Beherrscht man bereits ein bestimmtes Verfahren, kann man ruhig dabei bleiben. In den folgenden Übungen wird Entspannung über die *Muskulatur* eingeleitet. Mit der *Atmung* erfolgt dann ein Übergang zur *vegetativen Entspannung*, mit Übungsformeln nach dem autogenen Training wird diese vertieft. Die erste Übung beschäftigt sich nur mit der Entspannung selbst.

**Ausschlaggebend ist der richtige Einsatz einer Entspannungstechnik**

### Übung 1: Entspannung pur

**Entspannungshaltung**
Nehmen Sie die angelehnte Sitzhaltung ein (siehe Abbildung S. 51).

**Anleitung**
***Muskelentspannung:*** Ballen Sie beide Hände zur Faust. Pressen Sie Ihre Fäuste zunehmend fester zusammen. Achten Sie auf die entstehende Anspannung (etwa fünf Sekunden). Dann lassen Sie los und achten auf das Gefühl der Entspannung, das sich nun einstellt. Wenn Sie Ihre Hände und Unterarme ganz entspannt finden, versuchen Sie, noch ein wenig mehr loszulassen, noch mehr zu entspannen (etwa zwanzig Sekunden). Wiederholen Sie diese Muskelentspannung mehrmals (etwa dreimal).
***Atementspannung:*** Achten Sie nun auf Ihren Atem. Achten Sie nur auf ihn, ohne ihn verändern zu wollen. Achten Sie darauf, wie sich beim Einatmen die Wirbelsäule strafft, wie Schultern und Kopf sich etwas heben und nach hinten bewegen. Achten Sie darauf, wie sich die Wirbelsäule beim Ausatmen rundet, wie Schultern und Kopf wieder nach unten fallen. Achten Sie so eine Zeitlang nur auf Ihren Atem. Und dann versuchen Sie, bei jedem Ausatmen die Schultern noch weiter nach unten fallen zu lassen, noch mehr zu entspannen. Achten Sie darauf, wie die Entspannung sich ausbreitet.
***Vegetative Entspannung:*** Wiederholen Sie innerlich die folgenden Übungsformeln, und vergegenwärtigen Sie sich das Gefühl, das mit ihnen verbunden ist. Wiederholen Sie jede Übungsformel mehrmals (etwa dreimal).

- ***Ich bin ruhig und entspannt.***
- ***Die Arme sind schwer, angenehm schwer.***
- ***Die Beine sind schwer, angenehm schwer.***
- ***Ich bin ganz schwer, angenehm schwer.***
- ***Die Arme sind warm, strömend warm.***
- ***Der Leib ist warm, strömend warm.***
- ***Die Beine sind warm, strömend warm.***
- ***Ich bin ruhig, schwer und warm.***

***Rücknahme:*** Am Schluß der Entspannung erfolgt eine Rücknahme: Ballen Sie die Hände zu Fäusten, strecken und rekeln Sie sich etwas, und atmen Sie einmal tief durch.

Zwar stellt Entspannung bereits einen Wert an sich dar, weiterführende Übungen *in der Entspannung* sind aber sinnvoll. Im wesentlichen können dabei drei Bereiche unterschieden werden, mit denen sich die nächsten drei Übungen beschäftigen.

## Entspannung und Vorsatzbildung

Aus dem autogenen Training stammt die *Vorsatzbildung.* Sie wird manchmal auch als eine Art posthypnotischer Auftrag beschrieben, den sich der Übende selbst gibt. Vor der Entspannung wird zu einem bestimmten Problem ein prägnanter Vorsatz überlegt. Geht es beispielsweise darum, öffentlich einen Vortrag zu halten, bezieht sich der Vorsatz darauf. Das Ziel wird positiv ausgedrückt, also beispielsweise: „Ich halte den Vortrag flüssig und frei".

Eine negative Fassung („Ich verspreche und verhaspele mich *nicht*") sollte vermieden werden. Es geht darum, die Aufmerksamkeit auf die *erwünschten* Verhaltensweisen zu lenken, weg von den unerwünschten. Reime oder – wie im Beispiel – Alliterationen (**V**ortrag, **f**lüssig, **f**rei) sind günstig, wichtiger aber ist der Inhalt. So sollten Sie besser „flüssig und ruhig" wählen, wenn das Ihrem Ziel näher kommt, auch wenn es keinen so schönen Klang hat.

Einen solchen Vorsatz sollten Sie vor der Entspannungsübung überlegen. In der Entspannung wird er dann – wie etwa die Entspannungsformeln des autogenen Trainings („Ich bin ganz warm" usw.) – innerlich vorgesprochen. Die Situation und ihre Bewältigung sollten Sie dabei vor Ihrem geistigen Auge durchspielen. Pro Situation sollte man nur *einen* Spruch wählen.

Entspannung mit Vorsatzbildung wird als nächstes geübt. Die Entspannung wird dabei ebenso wie in der letzten Übung erreicht. Ist man mit einem bestimmten anderen Entspannungsverfahren bereits recht gut vertraut, kann natürlich auch dieses verwendet werden. Der Vorsatz wird der Entspannung dann angeschlossen.

## Übung 2: Entspannung und Vorsatzbildung

**Entspannungshaltung**

Nehmen Sie die Königshaltung ein (siehe Abbildung S. 51).

**Anleitung**

***Muskelentspannung:*** Ballen Sie *beide Hände* zur Faust. Pressen Sie Ihre Fäuste zunehmend fester zusammen. Achten Sie auf die entstehende Anspannung (etwa fünf Sekunden). Und dann lassen Sie los und achten auf das Gefühl der Entspannung, das sich nun einstellt. Wenn Sie Ihre Hände und Unterarme ganz entspannt finden, versuchen Sie, noch ein wenig mehr loszulassen, noch mehr zu entspannen (etwa zwanzig Sekunden). Wiederholen Sie diese Muskelentspannung mehrmals (etwa dreimal).

***Atementspannung:*** Achten Sie nun auf Ihren Atem. Achten Sie nur auf ihn, ohne ihn verändern zu wollen. Achten Sie darauf, wie sich beim Einatmen die Wirbelsäule strafft, wie Schultern und Kopf sich etwas heben und nach hinten bewegen. Achten Sie darauf, wie sich die Wirbelsäule beim Ausatmen rundet, wie Schultern und Kopf wieder nach unten fallen. Achten Sie so eine Zeitlang nur auf Ihren Atem. Und dann versuchen Sie, bei jedem Ausatmen die Schultern noch etwas weiter nach unten fallen zu lassen, noch etwas mehr zu entspannen. Achten Sie darauf, wie die Entspannung sich ausbreitet.

**Der gefaßte Vorsatz muß durch Wiederholung in Fleisch und Blut übergehen**

***Vegetative Entspannung:*** Wiederholen Sie innerlich die folgenden Übungsformeln, und vergegenwärtigen Sie sich das Gefühl, das mit ihnen verbunden ist. Wiederholen Sie jede Übungsformel mehrmals, beispielsweise dreimal.

- ***Ich bin ruhig und entspannt.***
- ***Die Arme sind schwer, angenehm schwer.***
- ***Die Beine sind schwer, angenehm schwer.***
- ***Ich bin ganz schwer, angenehm schwer.***
- ***Die Arme sind warm, strömend warm.***
- ***Der Leib ist warm, strömend warm.***
- ***Die Beine sind warm, strömend warm.***
- ***Ich bin ruhig, schwer und warm.***

***Vorsatz:*** *Ich halte den Vortrag flüssig und frei.* Wiederholen Sie den Vorsatz mehrmals und lassen Sie die Situation, um die es geht, vor Ihrem geistigen Auge vorüberziehen, und zwar erfolgreich.

***Rücknahme:*** Am Schluß der Entspannung erfolgt eine Rücknahme: Ballen Sie die Hände zu Fäusten, strecken und rekeln Sie sich etwas, und atmen Sie einmal tief durch.

Diese Übung sollten Sie vor der zu bewältigenden Situation mehrmals zu Hause machen. In der Situation selbst kann dann eine kurze Entspannungsübung (beispielsweise nur die Atemübung) gemacht werden. Wenn Sie das Gefühl haben, daß es Ihnen hilft, können Sie auch in der Situation selbst – wenn überhaupt Zeit dafür ist – den Vorsatz wiederholen. Wichtiger aber ist das Üben vorher zu Hause und das gedankliche Durchspielen der Situation.

Vorsätze sollte man am besten selbst bilden und dabei auf Kürze, Prägnanz und positive Richtung achten.

**BEISPIEL-VORSÄTZE**

**Um mich herum – Ruhe.**
**Aus mir heraus – Stille und Kraft.**
**Gelassen und heiter.**
**Langsamer gehen.**
**Ich behalte Ruhe und Ausgeglichenheit.**
**Kränkungen machen mich stärker.**
**Was es zu schaffen gibt, ich schaffe es.**

## Entspannung und Imagination

Imaginieren bedeutet, sich etwas bildhaft vorzustellen. Statt Vorsätzen oder eher intellektuellen Gedanken werden in der Imagination also Bilder verwendet. Die Vortragssituation beispielsweise kann man – wie im letzten Kapitel – gedanklich durchgehen, man kann sie sich aber auch durch eine Imagination vergegenwärtigen. Dazu gilt es, besonderen Wert auf die Vorstellung der sinnlichen Wahrnehmung zu legen, beispielsweise den Stuhlkreis, das Pult, den Raum, sich selbst am Vortragspult zu sehen, sich selbst sprechen zu hören usw.

Thema der Imagination kann alles sein, von der Selbsterfahrung, einer Reise ins innere Ich bis zur gesundheitsbezogenen Übung beispielsweise zur Stärkung des Immunsystems. Gerade im Gesundheitsbereich wurden in den letzten Jahren gute Erfahrungen mit Imaginationsübungen gemacht. Die Vorstellungen können sich dabei auf reale körperliche Vorgänge beziehen, diese unterstützen bzw. bremsen, oder sie können solche Vorgänge symbolhaft darstellen.

Die Imagination eines realen Vorganges wäre beispielsweise die Vorstellung, wie Immunzellen im eigenen Knochenmark heranwachsen und reifen, wie sie das Knochenmark verlassen, mit dem Blut zu ihrem Einsatzort strömen und dort gegen eingedrungene Viren aktiv werden. Dieser Vorgang wird in der Imagination unterstützt, indem die

Ursprungszellen im Knochenmark besonders zahlreich und kräftig, ihr Wachstum rasch, der Strom durch das Blut breit und machtvoll, der Einsatz gegen die Viren entschieden und erfolgreich vorgestellt wird.

Eine symbolische Imagination desselben Vorgangs könnte sein, sich eingedrungene Viren und die eigenen Immunzellen als feindliche Ritterheere vorzustellen, die sich eine Schlacht liefern. Das eigene Ritterheer wird dann mit einer als positiv empfundenen Farbe gekennzeichnet und als das stärkere vorgestellt. Es kämpft gegen die (schwarzen) Ritter des feindlichen Heeres und siegt schließlich nach hartem Kampf.

Wichtig ist, daß die Imagination für sich selbst als bedeutsam erlebt wird. Danach sollte man die Art der eigenen Vorstellung einrichten. Wenn dies mit realistischen Bildern besser gelingt, sind diese vorzuziehen; wenn der Bezug zu symbolhaften Bildern stärker ist, dann sollte man symbolhafte Bilder wählen.

Auch die Imagination ist eine Übung in der Entspannung. Zunächst wird die Entspannung eingeleitet, dann erfolgt die Imagination. In unserem Beispiel gehen wir wieder von der Entspannungseinleitung aus und dann zur Imagination über. Je nach den persönlichen Wünschen und Umständen kann die Imagination auch verändert oder durch eine ganz andere ersetzt werden.

## Übung 3: Entspannung und Imagination

**Entspannungshaltung**
Nehmen Sie die Königshaltung ein (siehe Abbildung S. 51).

**Anleitung**
***Muskelentspannung:*** Ballen Sie *beide Hände* zur Faust. Pressen Sie Ihre Fäuste zunehmend fester zusammen. Achten Sie auf die entstehende Anspannung (etwa fünf Sekunden). Und dann lassen Sie los und achten auf das Gefühl der Entspannung, das sich nun einstellt. Wenn Sie Ihre Hände und Unterarme ganz entspannt finden, versuchen Sie, noch ein wenig mehr loszulassen, noch mehr zu entspannen (etwa zwanzig Sekunden). Wiederholen Sie diese Muskelentspannung mehrmals (etwa dreimal).
***Atementspannung:*** Achten Sie nun auf Ihren Atem. Achten Sie nur auf ihn, ohne ihn verändern zu wollen. Achten Sie darauf, wie sich beim Einatmen die Wirbelsäule strafft, wie Schultern und Kopf sich etwas heben und nach hinten bewegen. Achten Sie darauf, wie sich die Wirbelsäule beim Ausatmen rundet, wie Schultern und Kopf wieder nach unten fallen. Achten Sie so eine Zeitlang nur auf Ihren Atem. Und dann versuchen Sie, bei jedem Ausatmen die Schultern noch etwas weiter nach unten fallen zu lassen, noch etwas mehr zu entspannen. Achten Sie darauf, wie die Entspannung sich ausbreitet.
***Vegetative Entspannung:*** Wiederholen Sie innerlich die folgenden Übungsformeln, und vergegenwärtigen Sie sich das Gefühl, das mit ihnen verbunden ist. Wiederholen Sie jede Übungsformel mehrmals, beispielsweise dreimal.

**Eine starke Vorstellungskraft hilft bei der Problemlösung**

- ***Ich bin ruhig und entspannt.***
- ***Die Arme sind schwer, angenehm schwer.***
- ***Die Beine sind schwer, angenehm schwer.***
- ***Ich bin ganz schwer, angenehm schwer.***
- ***Die Arme sind warm, strömend warm.***
- ***Der Leib ist warm, strömend warm.***
- ***Die Beine sind warm, strömend warm.***
- ***Ich bin ruhig, schwer und warm.***

***Imagination:*** Stellen Sie sich Ihr Knochenmark in den großen Knochen von Oberschenkeln und Becken vor – dort sitzen die Stammzellen des Immunsystems. Stellen Sie sich vor, wie diese Stammzellen wachsen und reifen. Sie werden größer und stärker und verlassen schließlich das Knochenmark. Es ist ein breiter, mächtiger Strom, der mit dem Blut durch den Körper drängt. Es ist ein Strom lebendiger Kraft.
Stellen Sie sich vor, wie der Strom zu einem Wirkort in Ihrem Körper fließt, wie er die Blutgefäße verläßt und das Körpergewebe durchspült. Alles Kranke und Schlechte wird von ihm weggespült und aufgelöst. Trifft er auf eingedrungene Krankheitserreger, umschließt er sie und löst sie auf. Stellen

Sie sich vor, wie der Strom Ihrer Immunzellen Kraft und Gesundheit in Ihrem Körper verbreitet.
***Rücknahme:*** Am Schluß der Entspannung erfolgt eine Rücknahme: Ballen Sie die Hände zu Fäusten, strecken und rekeln Sie sich etwas, und atmen Sie einmal tief durch.

## Entspannung und Meditation

Meditation wird hier im Sinne einer Vertiefung der Entspannung verstanden. Meditation als Übung religiöser oder philosophischer Systeme zur Bewußtseinsklärung oder -erweiterung wird in diesem Buch nicht berücksichtigt. Die europäischen Versionen der ursprünglich aus Asien stammenden Meditationstechniken (von denen es viele gibt) verstehen Meditation nicht als lebenslangen Weg, sondern setzen sie kurzfristig zur Entspannung und Streßreduktion ein. Die Erfolge der Meditation scheinen denen im abendländischen Raum entstandenen Entspannungsverfahren (dem autogenen Training und der progressiven Muskelentspannung) vergleichbar. Es hängt also vor allem vom persönlichen Geschmack ab, ob man sich lieber mit den bei uns entstandenen Entspannungsverfahren oder mit Meditation beschäftigt. Meditation wird üblicherweise im Lotussitz (siehe Abbildung S 52 links), im halben Lotussitz (siehe Abbildung S. 52 rechts) oder in einer noch weiter vereinfachten Haltung durchgeführt. Wenn Sie

**Die Meditation stammt ursprünglich aus Asien**

den Lotussitz oder den halben Lotussitz beherrschen, verwenden Sie diese. Da sie aber nicht leicht zu erlernen sind, können Sie auch die bereits beschriebene *Königshaltung* (siehe Abbildung S. 51) verwenden. Wenn Sie wollen, können Sie auch die in der Abbildung unten gezeigte Haltung ausprobieren, die dem halben Lotussitz etwas entgegenkommt. Setzen Sie sich dazu auf ein dickes Kissen, und verschränken Sie die Beine. Die Handflächen umschließen die Knie. Die Augen sollten Sie in jeder Meditationshaltung (also auch in der Königshaltung) halb geöffnet halten, den Blick etwa einen Meter vor Ihnen auf den Boden gerichtet. Dort sollte sich nichts befinden, das Sie ablenkt. Am besten ist eine gleichförmige Fläche, etwa der Teppichboden, geeignet. Der Blick ruht dort, er fixiert nichts. Wichtig: Oberkörper gerade halten.

**Meditationshaltung**

Meditation ist weniger entspannend im Sinne einer Beruhigung; sie ist stark konzentrativ und bringt Kraft. Sie eignet sich also gerade für Situationen, in denen man sich kraftlos fühlt. Es sollte mindestens zwanzig Minuten meditiert werden. In der Meditation gibt es wesentlich weniger konkrete Anleitungen als in abendländischen Entspannungsverfahren. Anleitungen beziehen sich lediglich auf die Haltung und den Atem. Einige Meditationsvarianten haben noch andere Bezugspunkte eingebracht, beispielsweise die Konzentration auf ein sogenanntes „Mantra", ein sinnfreies Wort, das zunächst laut, dann leiser und schließlich nur noch in Gedanken während der ganzen Meditation unablässig wiederholt wird. Hier folgt aber zunächst eine meditative Übung mit Konzentration ganz auf den eigenen Atem.

## Übung 4: Atemmeditation

**Bei der Atemmeditation achten Sie einzig und allein auf Ihren fließenden Atem**

**Entspannungshaltung**
Nehmen Sie die Meditationshaltung (siehe Abbildung S. 60) oder die *Königshaltung* (siehe Abbildung S. 51) ein.

**Anleitung:**
***Meditation:*** Richten Sie Ihre Aufmerksamkeit nur auf Ihren Atem. Verändern Sie ihn nicht, „lassen Sie sich einfach atmen". Beginnen Sie mit dem *Ausatmen,* und folgen Sie dem Strom Ihres ausfließenden Atems. Das Einatmen geschieht von allein, beachten Sie es nicht weiter. Es sollte allerdings tief unten im Bauch geschehen, nicht im Brustkorb, wie es meist üblich ist. Achten Sie immer auf den Strom Ihres ausfließenden Atems. Das Ausatmen sollte deutlich länger dauern als das Einatmen (etwa doppelt so lange). Achten Sie auf nichts sonst. Korrigieren Sie nur ab und zu Ihre Körperhaltung, achten Sie darauf, daß der Rücken gerade ist. Wenn andere Gedanken aufsteigen, gehen Sie einfach wieder zu Ihrem Atem oder der Körperhaltung zurück. Meditieren Sie so zwanzig Minuten lang.
***Rücknahme:*** Am Schluß der Meditation erfolgt die Rücknahme: Öffnen Sie die Augen, ballen Sie die Hände zu Fäusten, strecken und rekeln Sie sich, und atmen Sie einmal tief durch. Nach dem Meditieren im halben Lotussitz sollten Sie die Beine strecken und bewegen.

Etwas lauter geht es bei der Mantra-Meditation zu, die deshalb wohl nur für zu Hause geeignet ist. Unter einem Mantra versteht man ein Wort aus ein oder zwei sinnfreien Silben. Der Übende bildet es am besten selbst; man kann aber auch ein vorgegebenes Mantra wählen. Das Mantra sollte wohlklingend sein, eher weich und gedehnt, eher tief als hoch. Ein solches Mantra vermittelt am besten Entspannung und Gelöstheit. Hohe, harte, abgehackte Silben können auch aggressive Gefühle freisetzen; sie sind also zu vermeiden. Beispiele traditioneller Man-

tras aus dem indischen Sanskrit sind *„Om", „Ah-nam", „Ra-mah".* Probieren Sie einmal selbst, ein eigenes Mantra zu bilden. Am wichtigsten ist, daß Sie mit dem Mantra zufrieden sind. Probieren Sie es – außerhalb der Meditation – einige Male aus, lassen Sie es auf der Zunge zergehen, um festzustellen, ob Sie damit zufrieden sind.

In der Meditation wird nach der Entspannungseinleitung das Mantra zunächst laut gesprochen oder gesungen, immer dasselbe Mantra neu wiederholend; am besten meditiert man immer über dasselbe Mantra. Im Verlauf der Meditation wird man zunehmend leiser und singt oder spricht oder summt schließlich nur noch nach innen.

## Übung 5: Mantrameditation

### Entspannungshaltung

Nehmen Sie die Meditationshaltung (siehe Abbildung S. 60) oder die *Königshaltung* (siehe Abbildung S. 51) ein.

### Anleitung

Richten Sie Ihre Aufmerksamkeit ganz auf Ihren Atem. Verändern Sie ihn nicht, „lassen Sie sich einfach atmen". Beginnen Sie mit dem *Ausatmen,* und folgen Sie dem Strom Ihres ausfließenden Atems. Das Einatmen geschieht von allein, beachten Sie es nicht weiter. Es sollte allerdings tief unten im Bauch geschehen, nicht im Brustkorb, wie es meist üblich ist. Achten Sie auf den Strom Ihres ausfließenden Atems. Das Ausatmen sollte deutlich länger dauern als das Einatmen (etwa doppelt so lange). Achten Sie auf nichts sonst. Korrigieren Sie nur ab und zu Ihre Körperhaltung, achten Sie darauf, daß der Rücken gerade ist. Wenn andere Gedanken aufsteigen, gehen Sie einfach wieder zu Ihrem Atem oder der Körperhaltung zurück.

Wenn Sie sich gut entspannt und gelöst fühlen, beginnen Sie mit dem Sprechen oder Singen Ihres vorher gewählten Mantras. Dehnen Sie das Mantra hin und her, in immer neuen Variationen. Das Mantra sollte Ihren ganzen Geist und Körper erfüllen. Werden Sie dann allmählich leiser, und singen oder sprechen Sie das Mantra schließlich nur noch innen. So meditieren Sie insgesamt zwanzig Minuten.

***Rücknahme:*** Am Schluß der Meditation erfolgt die Rücknahme: Öffnen Sie die Augen, ballen Sie die Hände zu Fäusten, strecken und rekeln Sie sich, und atmen Sie einmal tief durch. Nach dem Meditieren im halben Lotussitz sollten Sie die Beine strecken und bewegen.

**Das gewählte Mantra soll Körper und Geist vollständig in Besitz nehmen**

Neben den gezeigten Wegen zur Entspannung gibt es natürlich noch viele weitere. Wichtig ist aber weniger, *das* alleslösende Entspannungsverfahren zu finden, wichtig ist zu entspannen (gleichgültig wie). Wählen Sie ein Verfahren aus, das zu Ihnen paßt, mit dem Sie gut zurechtkommen, und führen Sie es regelmäßig durch. Machen Sie die Übung regelmäßig zu Hause, zur allgemeinen Beruhigung und Streßlinderung. Setzen Sie das Entspannungsverfahren dann auch vor oder – wenn möglich – in aktuellen Streßsituationen ein. Es wird Ihnen helfen, besser mit der Streßsituation zurechtzukommen.

Der Umgang mit vielen Streßsituationen wird dadurch erschwert, daß unsere Anspannung, unser inneres Erregungsniveau, zu hoch ist. Es hat sich gezeigt, daß sich Aufgaben bei einem mittleren Erregungsniveau am besten bewältigen lassen. Sowohl der „völlig entspannte" Halbschlaf oder Dämmerzustand als auch fiebernde Aufregung sind für die Bewältigung von Aufgaben gleichermaßen ungünstig. Entspannung ist eine Möglichkeit, den durch eine Streßsituation meist viel zu hohen Erregungszustand in mittlere Lagen zu dämpfen. Die Entspannung wirkt um so besser, je weiter im Vorfeld der Streßsituation sie eingesetzt wird.

Besonders günstig wirken sich alle Entspannungsverfahren aus, wenn sie auch in ruhigen Zeiten ohne Streßbelastung regelmäßig durchgeführt werden.

# Gedanken sind frei

**Gedanken sind kein objektiver Spiegel der Wirklichkeit. Sie interpretieren – und damit bestimmen sie wesentlich unser Erleben und Verhalten. Dieses Kapitel zeigt die oft unguten Einflüsse unserer Gedanken auf unser Streßerleben, vor allem aber, wie wir damit umgehen können.**

# Einstellungen bestimmen das Handeln

Bestimmte Situationen treiben unser inneres Erregungsniveau sehr hoch, viel höher, als zur optimalen Lösung der bestehenden Schwierigkeiten eigentlich erforderlich. Die Folge ist Streß. Dabei spielen ungünstige Einstellungen und Gedanken eine wesentliche Rolle. Wie man damit umgeht, soll hier gezeigt werden.

## Verändern ungünstiger Einstellungen

Von dem stoischen Philosophen Epiktet, der Ende des 1. Jahrhunderts nach Christus lebte, ist der Satz überliefert: *„Was den Menschen bewegt, sind nicht die Dinge selbst, sondern die Ansichten, die er von ihnen hat."* Bis heute hat sich daran nichts geändert. Woher kommt beispielsweise die Aufregung, wenn wir eine Rede halten müssen? Liegt es nur daran, daß es uns schwerfällt, die Lippen zu bewegen? Liegt es am zu schwierigen Inhalt der Rede? Wohl kaum.

Es sind nicht die Dinge oder Probleme selbst, die unsere Aufregung verursachen, es sind unsere Ansichten darüber. Diese äußern sich in Form von Selbstgesprächen, in denen sich alles darum dreht, was passieren *könnte:* „Ich *könnte* ins Stolpern kommen, ich *könnte* einen schlechten Eindruck auf die Zuhörer machen." Hinter solchen Befürchtungen verbergen sich Wertmaßstäbe, die uns meist gar nicht bewußt sind, die unser Leben aber entscheidend beeinflussen – und oft nicht günstig. Es ist wichtig, sich solche verborgenen Wertmaßstäbe bewußt zu machen. Wenn sie einmal offen ausgesprochen werden, wird oft schon deutlich, wie unangemessen sie für unser Leben sind. Wenn wir z. B. befürchten, wir könnten bei dem Vortrag versagen, lauten die zugrundeliegenden Überzeugungen etwa: „Ich darf keine Fehler machen, das wäre sonst eine Katastrophe" oder: „Ich muß von den Menschen für kompetent gehalten werden".

Wenn man solche Grundüberzeugungen gefunden hat, dann hilft oft ein kurzes „Weshalb?", um sie zu relativieren. *Weshalb* darf ich keine Fehler machen? Es kann im Gegenteil gerade in einem Vortrag sehr positiv sein, wenn nicht alles so glatt geht. Das wirkt menschlicher. *Weshalb* muß ich unbedingt für kompetent gehalten werden? Sicher, es ist wichtig, daß einige Menschen wissen, daß sie sich auf mich und meine

Kenntnisse verlassen können. Das können sie aber kaum allein aus einem Vortrag schließen. Aber warum möchte ich vor einem Publikum unbedingt als überragender Fachmann gelten, wenn ich in meinem ganzen Leben vielleicht nie wieder einem der Zuhörer begegnen werde?

Die folgende Zusammenstellung der häufigsten unangemessenen Gedanken kann dabei helfen, eigene Grundeinstellungen zu identifizieren. Es gibt noch viel mehr davon. Wenn man bei sich selbst unangemessene Gedanken entdeckt, sollte man Gegenargumente suchen. Die Frage „Weshalb denn?" ist dazu ein guter Anfang. Es geht nicht etwa darum herauszufinden, welche Überzeugungen „wahrer" sind (darüber läßt sich beliebig streiten). Es geht vielmehr darum herauszufinden, welche Überzeugungen für mich selbst und mein Zurechtkommen mit einer bestimmten Situation hinderlich oder günstig sind. „Unangemessen" sind Überzeugungen

**UNGÜNSTIGE ÜBERZEUGUNGEN**

- Ich muß unbedingt von allen geliebt werden.
- Ich muß überall kompetent und tüchtig sein, sonst bin ich kein wertvoller Mensch.
- Manche Menschen sind schlecht oder böse und sollten dafür bestraft werden. Ich muß sie unbedingt auf ihre Fehler aufmerksam machen.
- Wenn etwas nicht so ist, wie ich will, ist das eine Katastrophe.
- Unglück kommt immer von außen, ich kann nichts dagegen tun.
- Ich muß immer daran denken, daß sich jederzeit etwas Gefährliches oder Beängstigendes ereignen könnte.
- Es ist leichter, Schwierigkeiten oder Verpflichtungen aus dem Weg zu gehen, als sich ihnen zu stellen.
- Ich brauche immer jemanden, der stark ist, auf den ich mich stützen kann.
- Mein gegenwärtiges Leben wird entscheidend von meiner Vergangenheit bestimmt, da sie unauslöschlich ist.
- Wenn andere Menschen Probleme haben, muß ich davon immer stark betroffen sein.
- Es gibt für alle Probleme eine einzige richtige und perfekte Lösung, die es nur zu finden gilt.

| Situation | |
|---|---|
| unangemessene Überzeugungen | Gegenargumente |
| | |
| | |
| | |
| | |
| | |
| | |
| | |
| | |
| | |
| | |
| | |
| | |
| | |
| | |
| | |
| | |
| | |
| | |

**Eine Liste hilft, unangemessene Überzeugungen zu lindern**

nicht, weil sie etwa objektiv falsch wären, sondern weil sie zu nichts führen, wenigstens zu nichts Gutem. Ob es wichtig ist, immer und überall kompetent zu erscheinen, darüber läßt sich vielleicht noch streiten. Unbestritten ist dagegen, daß eine solche Einstellung für das eigene Auftreten wenig hilfreich ist, weil sie nur nervös macht, unter „Streß" setzt und so das Zeigen von Kompetenz eher sogar verhindert.

Versuchen Sie also, für Situationen, in denen Sie sich unter Streß fühlen, harauszufinden, ob das (auch) an solchen unangemessenen Gedanken liegt. Versuchen Sie solche Gedanken zu beseitigen oder zu relativieren. Oft hilft es, klarer zu sehen, wenn man dazu eine Liste anlegt, auf der als Überschrift die Situation steht, um die es geht, auf der Sie links, vielleicht in schwarzer Farbe, aufgespürte unangemessene Überzeugungen aufführen, und rechts, in einer positiven Farbe, Gegenargumente dazu, so daß den unangemessenen Überzeugungen die Gegenargumente deutlich gegenüberstehen.

Häufig genügt es schon, wenn man sich die unangemessenen Gedanken einmal richtig klarmacht. Mit den eigenen Grundeinstellungen und wie diese unser Verhältnis zu unserer Umgebung beeinflussen, sollte man sich aber immer wieder auseinandersetzen.

Ein besseres, streßfreies Verhältnis zur Umwelt läßt sich nicht von heute auf morgen finden. Es gibt aber einige kleine Kunstgriffe, die sofort eine gewisse Entlastung bringen können. Bleiben wir bei dem Beispiel des Vortrages. *Humor* kommt bei Zuhörern immer gut an – und er läßt sich mit Streß nur schwer vereinbaren. Wenn Sie einen Vortrag mit einigen Scherzen auflockern, bewirkt das sowohl beim Publikum als auch bei Ihnen selbst eine Auflockerung der Situation. Gut ist es außerdem, sich selbst in einen etwas lockereren Zustand zu versetzen. Stellen Sie sich etwa vor, daß statt der Zuhörer lauter Karnickel auf den Stühlen sitzen. Lachen Sie einige Male vor dem Vortrag (mit oder ohne Grund) bevor Sie vor Ihr Publikum treten. Beruhigend ist es manchmal auch schon, sich vorzustellen, wie man aus zwanzigjähriger Rückschau den Vortrag betrachten würde. Was zur Auflockerung nützt, ist auch erlaubt. Fragen Sie sich also selbst: Was würde mich auflockern? Und verwirklichen Sie es dann!

## Zuschreiben von Erfolg und Misserfolg

Auf S. 14 wurde bereits von einem Experiment berichtet, bei dem die Teilnehmer gezielt falsche Rückmeldungen darüber erhielten, ob sie ein Problem richtig gelöst hatten. Personen mit der Rückmeldung einer falschen Lösung erlebten wesentlich mehr Streß als die Teilnehmer, denen signalisiert wurde, das Problem sei richtig gelöst. Das war ganz unabhängig davon, ob das Problem nun tatsächlich richtig gelöst wurde oder nicht. Mit anderen Worten: Mißerfolg führt zu einem bedeutend größeren Streßerleben als ein Erfolgserlebnis.

Es ist also für unser Streßerleben wichtig, was wir aus unseren Erfolgen und Mißerfolgen machen. Sagt sich jemand nach einem Mißerfolg dauernd vor, wie schlimm das ist, eine nicht wieder gutzumachende Katastrophe, dann wird diese Person mehr Streß erleben, als wenn sie den Mißerfolg leichtnimmt.

Wie wir mit Erfolg und Mißerfolg umgehen ist wichtig. Unsere *Zuschreibungen* haben eine wesentliche Bedeutung für das Streßerleben. Grundsätzlich sind Zuschreibungen nach zwei Richtungen hin möglich, die sich noch durch jeweils zwei Alternativen differenzieren lassen. Ein Erfolg oder Mißerfolg kann entweder als durch äußere Kräfte oder durch Kräfte der eigenen Person verursacht gesehen werden (Innen-außen-Sicht). Erfolg und Mißerfolg können weiter durch dauerhafte oder veränderbare bzw. wechselhafte Kräfte zustandegekommen gedacht werden (Stabilität – Labilität). So ergeben sich für jeden Erfolg oder Mißerfolg vier grundsätzliche Zuschreibungsmöglichkeiten:

- innen und stabil,
- innen und labil (veränderbar),
- außen und stabil
- außen und labil (veränderbar).

Zuschreibungen unserer Erfolge und Mißerfolge nehmen wir ununterbrochen vor. An einem Beispiel läßt sich verdeutlichen, wohin uns welche Zuschreibungen führen. Die erste Zuschreibungsmöglichkeit, *innen und stabil,* könnte nach einer nicht bestandenen Prüfung etwa lauten: Ich bin zu dumm (innen = es liegt an mir; stabil = Intelligenz kann man nur wenig beeinflussen). Die zweite Zuschreibungsmöglichkeit, *innen und veränderbar,* könnte heißen: Ich habe zuwenig gelernt (innen = es liegt an mir; veränderbar = ich kann beim nächsten Mal mehr lernen). Die dritte Zuschreibung, *außen und stabil,* könnte lauten: Alle Prüfer hassen mich (außen = es liegt nicht an mir; stabil = wenn ich die Prüfung wiederhole, wird das Ergebnis auch beim nächsten Mal schlecht sein). Die vierte Zuschreibungsart, *außen und labil,* könnte heißen: Der Prüfer hatte einen schlechten Tag (außen = es liegt nicht an mir; veränderbar = beim nächsten Mal ist der Prüfer vielleicht besser gestimmt).

Unser Streßerleben wird also offensichtlich wesentlich davon beeinflußt, welche Zuschreibung wir für unseren Mißerfolg wählen. *Innen und stabil* dürfte für Mißerfolge in der Regel die schlechteste Zuschreibung sein. Selbst an etwas schuld zu sein, es aber nicht ändern zu können, das bedeutet, das nächste Mal wieder genauso dazustehen. Das kann – je nach Wichtigkeit der Sache, um die es geht – geradezu depressiv machen.

Die dritte Zuschreibungsmöglichkeit *(außen und stabil),* daß alle Welt (oder zumindest alle Prüfer dieser Welt) gegen einen eingestellt sind, wird ebenfalls nicht gerade streßlindernd sein. Ein solches Denken macht hilflos und verzweifelt.

Die Zuschreibungsmöglichkeiten „labil“ bzw. „veränderbar“ sind bei Mißerfolgen wesentlich günstiger. Aber auch sie unterscheiden sich deutlich: „Ich habe zu wenig gelernt“ *(innen und veränderbar)* und „der Prüfer hatte einen schlechten Tag“ *(außen und labil)* können beide gleichermaßen zur eigenen Entlastung beitragen. Aber hier kommt noch ein anderer Faktor ins Spiel, nämlich die Auswirkungen auf die Vorbereitung zur nächsten Prüfung (oder allgemeiner: die Motivation zur Veränderung). Schiebt man den Mißerfolg einem zufällig gerade schlecht gelaunten Prüfer zu, macht man den Mißerfolg also zu einer Fügung des Schicksals, wird das kaum zu verstärkter eigener Anstrengung motivieren. Sagt man sich aber, man sei selbst schuld, weil man zuwenig gelernt habe, wird das (hoffentlich) dazu führen, daß man sich auf die nächste Prüfung besser vorbereitet. Und damit steigt zumindest die *Wahrscheinlichkeit*, daß man beim nächsten Mal besser abschneidet.

In allen Situationen, ob wir nun Erfolg oder Mißerfolg erleben, nehmen wir solche Zuschreibungen vor, ohne daß uns dies unbedingt bewußt sein muß. Die Zuschreibungen bestimmen – wie gesagt – sehr stark unser Streßerleben, unser weiteres Handeln und damit die Wahrscheinlichkeit, in Zukunft wieder Erfolg oder Mißerfolg zu haben. Wir sollten uns solcher Zuschreibungen daher bewußt sein und sie, wenn nötig, zu verändern versuchen.

Eine Zuschreibung nach dem Schema innen – außen, veränderbar – unveränderbar kann für jede Situation gesucht werden. Die *Bewertungen* der einzelnen Zuschreibungen können sich von Situation zu Situation aber sehr unterscheiden. Während es beispielsweise ungünstig ist, einer Prüfung außen und unveränderbar zuzuschreiben (weil man dann keinen Grund hat, mehr zu lernen, und weitere Mißerfolge wahrscheinlich sind), kann diese Zuschreibung für andere Situationen günstig sein, da sie entlastet und einen selbst aller „Schuld“ enthebt. Sinnlose Veränderungsversuche, die nur Kraft kosten und Enttäuschungen bringen, lassen sich so wahrscheinlich vermeiden.

Und nochmal ganz anders sieht es aus, wenn es um die Zuschreibung von *Erfolgen* geht. Versuchen Sie einmal anhand des Prüfungsbeispiels zu überlegen, was sich hier nach dem Schema von innen – außen, veränderbar – unveränderbar als besonders günstig oder ungünstig erweist.

Ihre eigenen Erfolge und Mißerfolge sind vielleicht ganz anderer Art als die einer Prüfung. Versuchen Sie deshalb, sich Ihre übliche Zuschreibungsstrategie nach dem oben gezeigten Schema klarzumachen. Dabei sollten Sie sich auch immer die Fragen stellen: Was bewirkt das für mein Streßerleben? Wohin führt mich das? Vielleicht stellen Sie fest, daß Ihr Streßerleben wesentlich von Ihrer Art der Zuschreibung bestimmt wird oder daß es günstig wäre, Ihre üblichen Zuschreibungen zu überdenken und womöglich zu ändern. Am besten legen Sie auch hierzu eine Liste an:

links die bisherigen als ungünstig ermittelten Zuschreibungen, rechts Alternativen.

Wie bei Überzeugungen sollte man auch bei Zuschreibungen das Kriterium „Wahrheit“ nicht zu hoch einschätzen. Wir haben es bei Zuschreibungen kaum je mit wirklichem Wissen, sondern fast immer nur mit Wahrscheinlichkeiten, eben mit „Zuschreibungen“ zu tun. Natürlich hat es keinen Sinn, sich Zuschreibungen einreden zu wollen, die man selbst völlig unglaubwürdig findet. Einen Vorteil hat das Nachdenken über Alternativen aber selbst dann: das Wissen, daß es auch andere Möglichkeiten der Zuschreibung gibt als die eine, von der man bisher – und vielleicht auch bis jetzt noch – so felsenfest überzeugt war.

**Die Einstellung beeinflußt unser Verständnis**

## Umdeutungen und Perspektivenwechsel

Jeder kennt das bereits erwähnte Beispiel vom Wasserglas: „Halbvoll“ nennt es der Optimist, „halbleer“ dagegen der Pessimist. Die Dinge lassen sich verschieden verstehen, je nachdem, mit welcher Einstellung man sie betrachtet. Sehen Sie sich beispielsweise einmal die Abbildung auf dieser Seite oben rechts an. Darauf ist eine junge Frau zu erkennen – oder eine alte Frau, je nachdem, wie man schaut. Die Einstellung, mit der wir eine Sache betrachten, beeinflußt also unser Verständnis. Umgekehrt wirkt sich aber auch unser Verständnis auf unsere Einstellung aus. Machen Sie einmal das Experiment: Nehmen Sie sich ein Glas vor, und sagen Sie sich nacheinander – mit einigem Abstand – die beiden Auffassungen vor: „halbvoll“ und „halbleer“. Spüren Sie eine Veränderung der Stimmung? Es sagt nicht nur etwas über den Menschen aus, wenn er das Glas eher als halbvoll oder eher als halbleer ansieht. Seine Einstellung hat auch Auswirkungen auf ihn selbst, auf sein sonstiges Befinden und oft auch auf sein Verhalten in einer bestimmten Situation. Nicht wie die Dinge *sind*, sondern wie wir sie *interpretieren,* ist von entscheidender Bedeutung. Es beeinflußt unser eigenes Erleben und Verhalten enorm, ob wir beispielsweise das Verhalten eines Autofahrers als Schikane oder als Ungeschicklichkeit interpretieren. Die laute Radiomusik aus der Nachbarwohnung kann als neuerlicher Beweis für die Rücksichtslosigkeit der Nachbarn aufgefaßt werden – oder einfach als Beweis dafür, daß es eben noch junge, lebenslustige Leute sind. Je mehr man sich vom Klavierüben der Nachbarskinder stören läßt, um so mehr wird man es als feindseligen Akt gegen einen selbst auffassen. Und so verschärft man selbst die eigene Reaktion noch weiter. Ob der Besuch des Chefs samt Gattin zu Hause ein angenehmes oder ein äußerst streßvolles Ereignis wird, auch darüber entscheiden Einstellungen vielfältiger Art: zum Chef selbst (und zu seiner Frau), zur Bedeutung der eigenen Position in der Firma, zur Bedeutung einer eventuell anstehenden Beförderung, zur Einschätzung, eine „gute Figur" abgeben, etwas „bieten" zu können, zum Zustand der eigenen Wohnung usw.

Wenn Einschätzungen eine so große Rolle für unser Erleben und Verhalten spielen, wenn sie so wesentlich daran beteiligt sind, ob wir eine Situation als „Streß" empfinden oder nicht, dann liegt es nahe, Streß auch über die Veränderung von Einschätzungen zu reduzieren.

## Umdeutungen

*Umdeutungen* als Möglichkeit der Streßreduktion sind meist leicht zu finden. Sie bei sich selbst durchzusetzen, ist allerdings nicht einfach. Ihr Potential für ein weniger streßbelastetes Leben kann aber gar nicht überschätzt werden. Umdeutungen in einem größeren Rahmen haben wir bereits kennengelernt (siehe S. 67). Aber nicht nur eigene ungünstige Überzeugungen lassen sich umdeuten, sondern auch belastende Situationen, und zwar mit unseren ganz gewöhnlichen Interpretationsmöglichkeiten.

Versuchen Sie einmal solche Umdeutungen! Fahnden Sie nach anderen Erklärungsmöglichkeiten, nach Erklärungen, die abmildern, die die eigene Erregung dämpfen und so zur Entspannung der Situation (und der eigenen Person) beitragen können. Wenn eine Streßsituation vorhersehbar ist, Sie aber in der Situation selbst keine Zeit für lange Überlegungen haben, sollten Sie sich vorbereiten. Auch hierbei ist schriftliches Vorgehen wirksamer als bloßes Überlegen. Nehmen Sie also einen Stift und ein Blatt Papier zur Hand, und setzen Sie sich mit den Streßsituationen auseinander. Links kann in ein, zwei Worten oder einem halben Satz die Situation genannt werden. Dann kommt die übliche eigene Interpretation (oder mehrere Interpretationsmöglichkeiten). Rechts schreiben Sie dann günstigere Neuformulierungen von Interpretationen. Wenn links beispielsweise „Auto drängelt" steht, dann könnte es in der Mitte „rücksichtsloser Kerl" heißen. Die Neuformulierung könnte sein: „Vielleicht bekommt die Frau ein Kind". Es ist günstig, zu jeder Situation mehrere – sowohl ungünstige als auch günstige – Interpretationen zu überlegen. So können übliche oder vorhersehbare Streßsituationen und ihre Interpretation durchgespielt

**Auch durch Umdenken, durch eine andere Interpretation kann man eine Streßsituation entschärfen**

werden. In der Situation selbst sollte man sich die günstigste oder die am besten passende Interpretation innerlich vorsprechen. Wenn Sie dazu eine Entspannungsübung machen, läßt sich der Entspannungseffekt noch steigern.

## Perspektivenwechsel

Eine weitere Technik der Streßbewältigung ist das *Einnehmen einer anderen Perspektive.* Nehmen wir zum Beispiel eine Prüfung: Blicken wir zwei Jahre vorher, am Tag davor und zwei Jahre danach auf die Prüfung, erscheint uns ihr Streßgehalt ganz unterschiedlich hoch. Am streßhaftesten ist sie sicherlich am Tag davor. Aus zeitlichem Abstand betrachtet, erscheint sie uns viel weniger wichtig und belastend. Denn wir sehen sie dann im Überblick, wie einen Berg aus der Entfernung. Überwältigend ist der Berg aber nur, wenn man direkt davor steht. Unsere Perspektive verengt sich dann. Wir sehen vor allem die Probleme, sie erscheinen riesengroß.

Diese Verengung des Blickwinkels, die die Streßsituation verschärft, wird durch das Einnehmen einer anderen Perspektive korrigiert. Für das Beispiel der Prüfung seien einige Möglichkeiten anderer Perspektiven genannt:

- Ich stelle mir vor, wie ich in zehn Jahren über diese Prüfung denken werde, wie gleichgültig sie mir dann erscheinen wird.

**Eine geänderte Perspektive wirft oft ein ganz anderes Licht auf Ihr Problem**

- Ich stelle mir die Prüfung aus der Perspektive des sicher gelangweilten Prüfers vor.
- Ich stelle mir die Prüfung aus der Perspektive eines außerirdischen Beobachters vor, der unsichtbar unter der Zimmerdecke hängt und Studien über die menschliche Spezies anstellt. (Das kann man sich spaßhaft ausmalen. Humor wirkt streßlindernd.)
- Ich stelle mir vor, wie nebensächlich meine Streßsituation im Vergleich mit irgendeinem anderen Ereignis – beispielsweise dem Überlebenskampf in Südamerika oder Afrika – ist.

Je nach Streßsituation werden andere Perspektivenwechsel günstig sein. Stets sollte man sich aber möglichst viele überlegen und die Situation aus verschiedenen Blickwinkeln betrachten. Auch wenn uns eine andere Perspektive und die neue Bewertung einer Streßsituation selten ganz „überzeugen“ werden, hält es doch zumindest davon ab, in einer Perspektive gefangen zu bleiben. Und neben den negativen Aspekten der Streßsituation noch weitere zu erkennen, ist bereits ein Erfolg.

# Ausgleich im Alltag

**Vermindern von Streß ist eine Seite der Streßbewältigung; besser mit dem vorhandenen Streß auszukommen, eine zweite. Es gibt noch eine weitere, ergänzende Möglichkeit: nämlich Ausgleich zu schaffen. Darum geht es in diesem Kapitel.**

# Ausgleich schaffen

Nicht immer läßt sich Streß direkt angehen. Aber auch in diesen Fällen kann man etwas tun: Ausgleich schaffen. Ausgleich kann zum einen einfach Erholung sein und damit eher in Richtung Entspannung zielen. Er kann aber auch stärker durch Aktivität gekennzeichnet sein. Mit dieser Art von Ausgleich lassen sich ungünstige Folgen einseitiger Belastung am besten vermeiden. In diesem Kapitel wird eine Reihe von Möglichkeiten zum Ausgleich im Alltag dargestellt. Sie sollten als Anregungen aufgefaßt werden. Gerade hier ist die Auswahl so groß, daß jeder etwas den eigenen Bedürfnissen und Möglichkeiten Entsprechendes finden sollte. Wichtig aber ist, beide Bereiche, Erholung und Aktivität, zu berücksichtigen.

**Beine lagern**

## Gymnastische Übungen und Atemübungen

Die Übungen beschäftigen sich teils mit Entspannung, teils mit Aktivierung und Mobilisierung, wie sie besonders bei einseitigen Belastungen, beispielsweise im Büro, wichtig sind. Stellen Sie eine Auswahl von mindestens vier oder fünf Übungen nach Ihren Bedürfnissen zusammen. Wenn Sie die Übungen zu Hause machen, achten Sie auf bequeme, weite Kleidung. Bei Liegeübungen kann es helfen, wenn unter Nacken und Kniekehlen Kissen oder Rollen gelegt werden.

### Beine lagern

Legen Sie sich in Rückenlage auf den Boden. Die Unterschenkel lagern auf einem Stuhl oder Hocker, so daß die Fersen hinter der Sitzfläche frei in der Luft schweben. Die Oberschenkel stehen möglichst senkrecht, die Hände liegen neben dem Körper. Liegen Sie zwei bis drei Minuten einfach da, und entspannen Sie sich möglichst gut. Versuchen Sie, die Schwere Ihres Körpers zu empfinden. Lauschen Sie Ihrem Atem nach, ohne ihn verändern zu wollen.

## Gliederschwere

Legen Sie sich möglichst entspannt in Rückenlage auf den Boden. Heben Sie den rechten Arm etwa zehn Zentimeter an, halten Sie ihn zwei bis drei Atemzüge lang, und lassen Sie ihn dann wieder auf den Boden sinken. Empfinden Sie seine Schwere. Heben Sie nun nacheinander den linken Arm, beide Arme, das rechte Bein, das linke Bein, beide Beine, den Po an, halten sie kurz oben und führen sie dann zurück auf den Boden. Bleiben Sie dann noch einige Atemzüge liegen, und lauschen Sie Ihrem Atem nach. Sie können dazu auch eine Hand auf die Bauchdecke legen, um zu spüren, wie der Atem geht.

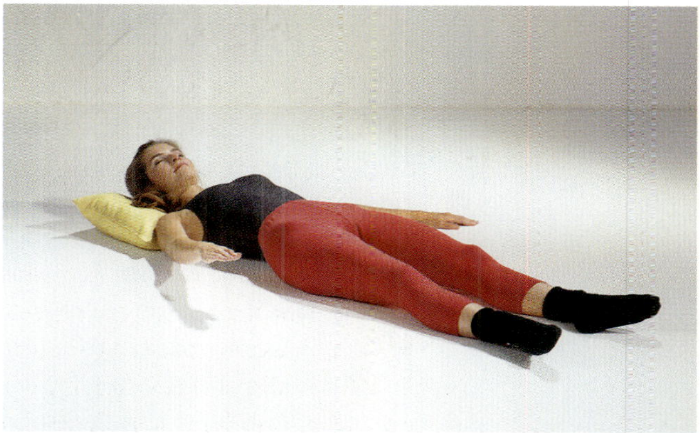

**Gliederschwere**

## Kreuzatmung

Legen Sie sich auf den Rücken, und machen Sie mit den Händen ein Nest für den Hinterkopf. Die Beine sind angewinkelt gestellt. Bewegen Sie nun beim Einatmen das Kreuz nach oben: machen Sie ein Hohlkreuz. Beim Ausatmen lassen Sie das Kreuz langsam wieder nach unten sinken, bis die Wirbelsäule ganz auf dem Boden liegt. So bewegen Sie Ihr Kreuz etwa zwei bis drei Minuten lang ganz im Rhythmus Ihres Atems.

**Kreuzatmung, Ausgangslage**

**Kreuzatmung, Hohlkreuz**

## Zwerchfellatmung im Liegen

Legen Sie sich auf den Rücken, die Beine sind ausgestreckt, die Hände liegen neben dem Körper. Atmen Sie langsam aus. Achten Sie anschließend auf die natürliche Atempause. Entspannen Sie dann den Bauch, der Atem wird damit ganz von selbst einfließen. Versuchen Sie nicht, besonders viel Luft aus- oder einzuatmen, konzentrieren Sie sich nur auf die drei Phasen. Wiederholen Sie diese Sequenz eine Zeitlang:

- bewußtes, langsames Ausatmen,
- Atempause beobachten,
- Bauch entspannen.

Wenn sie diese Übung bereits einige Male durchgeführt haben und Ihnen der Ablauf völlig vertraut ist, achten Sie auch auf das Verhältnis von Ausatmen und Einatmen. Das Ausatmen sollte etwa doppelt so lange dauern wie das Einatmen.

## Aufsetzen

Es folgen nun zwei einfache Yogaübungen. Legen Sie sich auf den Rücken. Die Beine sind angewinkelt, die Knie oben. Die Fußsohlen stehen flach auf dem Boden. Legen Sie Ihre Handflächen auf die Oberschenkel. Richten Sie nun Kopf und Oberkörper langsam auf, und lassen Sie mit dieser Bewegung Ihre

**Aufsetzen 1**

**Aufsetzen 2**

Hände Richtung Knie gleiten. Wenn Ihre Fingerspitzen Ihre Knie berühren, verharren Sie. Bleiben Sie zwei Atemzüge in dieser Haltung, und lassen Sie sich dann ganz langsam wieder zurücksinken. Wiederholen Sie diese Übung etwa vier- bis fünfmal.

## Fisch

Legen Sie sich auf den Rücken. Die Arme liegen neben dem Körper, die Handflächen auf dem Boden, halb unter dem Po. Die Beine sind gerade ausgestreckt. Machen Sie nun ein Hohlkreuz, und verlagern Sie Ihr Gewicht dabei auf die Unterarme, die Sie fest gegen den Boden pressen. Beugen Sie gleichzeitig den Kopf so weit wie möglich zurück, bis der Scheitel auf dem Boden ruht. Bleiben Sie in dieser Haltung, verlagern Sie Ihr Gewicht aber in den Po. Bleiben Sie einige Atemzüge in dieser Haltung. Wenn es Ihnen unbequem wird, legen Sie sich wieder wie zu Anfang auf den Boden. Wiederholen Sie die Übung nach einer kurzen Pause noch einmal.

Fisch 1

Fisch 2

## Nacken-, Schulter- und Rückenübungen

Die folgenden Übungen können Sie sowohl im Stehen als auch Sitzen durchführen. Sie eignen sich besonders zur Entkrampfung während der Arbeit am Schreibtisch oder am Computer. Je nach Belastung können einzelne Übungsschritte weggelassen werden, oder Sie machen alle Übungen.

Verschränken Sie die Hände hinter dem Kopf. Dann drücken Sie mit dem Hinterkopf fest gegen die Hände, und zwar während des Einatmens. Beim Ausatmen entspannen Sie wieder. Führen Sie dies etwa dreimal durch.

Lassen Sie die Hände wieder sinken, und schließen Sie die Augen. Lassen Sie den Kopf kreisen: drehen Sie ihn von unten (Kinn an der Brust) nach rechts, nach oben (Hals ganz lang), nach links, nach unten – und anschließend einmal in die andere Richtung.

Machen Sie nun den Hals ganz lang, und recken Sie das Kinn nach vorne. Dann drücken Sie das Kinn Richtung Brust und strecken den Nacken lang.

Lassen Sie die Schultern kreisen, erst die linke: vor, nach oben, nach hinten, nach unten, wieder vor (dreimal), dann die rechte entsprechend, dann beide zusammen, dann alles in der anderen Richtung.

Verkrallen Sie die Fingerspitzen Ihrer Hände ineinander (wenn Sie wollen, auch auf dem Rücken) und ziehen Sie kräftig (ohne loszulassen).

Im Sitzen legen Sie nun die Hände an die Hüften und stützen sich ab. Dann kippen Sie das Becken nach vorne und machen ein Hohlkreuz. Strecken Sie Brust und Bauch tüchtig nach vorne, und bleiben Sie zwei Atemzüge in dieser Haltung. Dann bewegen Sie das Becken wieder zurück und machen einen Katzenbuckel (dreimal wiederholen).

Vollführen Sie einen kleinen Sitztanz, indem Sie abwechselnd die linke und die rechte Pohälfte anheben. Die Arme hängen dabei neben dem Körper. Bewegen Sie gut die Wirbelsäule!

**Entspannung für Schultern und Rücken (1)**

Entspannung für Schultern und Rücken (2 und 3)

Stützen Sie sich nun mit den Händen an den Stuhllehnen auf und ziehen sich langsam hoch. Die Beine sind gestreckt, der Po ein wenig über der Sitzfläche des Stuhls angehoben.

Dann setzen Sie sich wieder und strecken die Arme so hoch Sie können. Die Wirbelsäule ist gerade, biegt sich eher sogar etwas nach hinten. Folgen Sie mit dem Blick Ihren Händen.

## Augenübungen

Besonders bei längerem Arbeiten am Bildschirm oder nach längerem Lesen können Augenübungen entkrampfen und Ihnen neue Energie bringen:

Schließen Sie die Augen, und bedecken Sie sie mit den Handflächen (zwei bis drei Atemzüge).

Öffnen Sie die Augen wieder, und fixieren Sie verschiedene unterschiedlich weit entfernte Gegenstände in Ihrer Umgebung (wenn möglich, sollten auch Gegenstände in der Ferne darunter sein, beispielsweise Bäume vor dem Fenster). Suchen Sie sich auch Gegenstände links und rechts, oben und unten. Bewegen Sie beim Wechseln

Entspannung für die Augen (1)

**Entspannung für die Augen (2)**

der Gegenstände nur die Augen, nicht den Kopf. Schließen Sie wieder die Augen. Schließen Sie auch die Hände (aber ganz locker), und fahren Sie mit der Außenseite der mittleren Fingerglieder an den Augenbrauen entlang, mit beiden Händen zugleich, zuerst Richtung Nase und dann in die Gegenrichtung und dann wieder zurück. Wiederholen Sie das einige Male, aber üben Sie nicht zuviel Druck aus. Wiederholen Sie die Bewegungen nun unterhalb der Augen, aber kürzer, und schließlich noch einmal oberhalb.

## Kerze

Legen Sie sich auf den Rücken, mit ausgestreckten Beinen und den Armen neben dem Körper (Handflächen nach unten). Heben Sie dann langsam die Beine und den ganzen Körper, wobei Sie nach einiger Zeit, wenn das Gleichgewicht es erfordert, die Hände an die Taille führen und sich dort abstützen. Schließlich zeigen Ihre Beine senkrecht nach oben, das Gewicht liegt auf Nacken und Schultern. So verharren Sie einige Zeit, solange Sie es als angenehm empfinden. Die „Kerze" ist eine Yogaübung, die wegen ihrer belebenden Wirkung und Förderung der Gehirndurchblutung sehr geschätzt wird.

**Kerze (1)**

**Kerze (2)**

**Kerze (3)**

## Zwerchfellatmung im Sitzen

Setzen Sie sich hin, am besten auf einen Stuhl oder Hocker. Der Rücken ist aufrecht, die Wirbelsäule gestreckt, der Kopf erhoben. Achten Sie darauf, daß die Bauchgegend nicht durch Kleidung, Gürtel usw. eingeschnürt wird. Dann beginnt die Atemübung, die der Zwerchfellatmung im Liegen entspricht.
Atmen Sie dazu langsam aus. Achten Sie anschließend auf die natürliche Atempause. Entspannen Sie dann den Bauch, der Atem wird ganz von selbst einfließen. Versuchen Sie nicht, die Atmung zu beeinflussen, etwa besonders tief zu atmen.
Achten Sie nur auf die drei Phasen. Wiederholen Sie diese Sequenz eine Zeitlang:

- bewußtes, langsames Ausatmen
- Atempause beobachten
- Bauch entspannen

Wenn Ihnen der Ablauf völlig vertraut ist, achten Sie auch auf das Verhältnis von Ausatmen und Einatmen. Das Ausatmen sollte etwa doppelt so lange dauern wie das Einatmen.

## Ha-Atmung

Die folgende Atemübung, die auch aus dem Yoga stammt, soll ein möglichst tiefes Einatmen fördern und so Müdigkeit wegen Sauerstoffmangels beseitigen. Stellen Sie sich dazu mit etwas gespreizten und gestreckten Beinen hin, und atmen Sie zunächst einmal aus. Während des Einatmens führen Sie die Hände über den Kopf, falten sie dort und strecken sich so weit es nur geht. Sie atmen dabei ganz tief ein. Das Gesicht ist am Ende nach oben gerichtet. So verharren Sie einen Augenblick, dann beginnt das Ausatmen. Der Oberkörper fällt dabei nach vorne, ebenso die Arme (die Beine

Ha-Atmung (1)

Ha-Atmung (2)

bleiben gestreckt). Die immer noch gefalteten Hände baumeln zwischen den Beinen, berühren fast den Boden, der Blick ist nach hinten gerichtet, zwischen den Beinen hindurch. Der Atem wird mit der lang gedehnten Silbe „Ha“ ausgelassen (die Silbe kann beim Ausatmen auch mehrmals wiederholt werden). Am Schluß sollte der Bauch ganz eingezogen und die Luft fast völlig aus der Lunge entströmt sein. Diese Übung sollte insgesamt etwa dreimal durchgeführt werden.

## Rumpfbeuge im Stehen

Zum Abschluß eine weitere Yogaübung: Stellen Sie sich hin, die Beine fast geschlossen nebeneinander. Heben Sie dann ganz langsam die Hände über den Kopf, bis sie senkrecht nach oben zeigen. Beugen Sie sich langsam immer weiter nach vorn, von der Taille aus, die gestreckten Arme folgen der Bewegung. Schließlich hängen Kopf und Arme nach unten. Greifen Sie nun mit den Händen nach Ihren Knöcheln, und umfassen Sie diese (oder die Beine, wenn Ihnen das Umfassen der Knöchel zu schwer fällt). Versuchen Sie nun, mit der Stirn Ihre Knie (oder Ihre Beine) zu berühren (aber erzwingen Sie es nicht mit zuviel Kraft, wenn es Ihnen schwerfällt). So verharren Sie einige Sekunden und richten sich dann wieder langsam auf. Wiederholen Sie die Übung zweimal.

Rumpfbeuge (1)

Rumpfbeuge (2)

Rumpfbeuge (3 und 4)

## Wandern, Spazierengehen

Auch die beste Ausgleichsaktivität kann, bei entsprechender Einstellung in Streß ausarten. Wandern kann ein sehr guter Ausgleich sein, wenn Sie sich nicht die Ersteigung des Matterhorns, den Eilmarsch von der Ostsee bis zu den Alpen oder die Durchquerung der Sahara vornehmen. Einfaches Gehen in angenehmer Umgebung, die Regelmäßigkeit der Schritte, die Langsamkeit der Veränderung, die Atmosphäre von freiem Feld, von Bergen, von Wald oder der Blick über das Meer können entspannen.

Streß hat mit Wichtigkeit zu tun. Über unwichtige Dinge macht man sich keine Sorgen und regt man sich nicht auf. Wir haben schon gesehen, daß wir Dinge oft zu wichtig nehmen. Wie man sie relativieren kann, wurde in den vorhergehenden Kapiteln gezeigt. Eine weitere Möglichkeit, einen Ausgleich zu den Dingen zu erreichen, die uns wichtig bleiben, ist die Beschäftigung mit Unwichtigem, mit dem, was uns nicht mahnt, nicht über uns urteilt: mit der Natur und den kleinen Dingen am Wegrand. Dabei kann auch das Haiku als eine Art des aktiven Umgehens mit den kleinen Dingen, die uns umgeben, sehr hilfreich sein. Haiku sind kleine literarische Formen von drei Zeilen mit insgesamt nicht mehr als 17 Silben, die sich auf real gesehene und erlebte Augenblicke der Welt um uns herum beziehen. Haiku lenken den Blick auf die Dinge, halten ihn dort, vertiefen ihn. Sie bewirken damit auch eine Verlangsamung unseres Erlebens und eine innere Konzentration – alles Zustände, die dem Streß entgegengesetzt sind. Je nach Veranlagung werden Sie statt einer solchen literarischen Beschäftigung vielleicht eher Malen oder Musik vorziehen. All das ist geeignet, solange es unsere Aufmerksamkeit auf ein Gegengewicht zu den offenbar so wichtigen Angelegenheiten unseres Alltags lenkt und dort hält. Am wichtigsten ist es, sich überhaupt ein solches Gegengewicht zu schaffen, wie immer es auch aussieht.

Die folgenden Haiku können als Beispiel und Anregung dienen. Sie sind eine Reise durch das Jahr. Dem Charakter des Haiku entsprechend sind sie auch jeweils zu den entsprechenden Jahreszeiten entstanden und in den Situationen, von denen sie reden.

**K***astanienblüten*
*über den Mittagstisch.*
*Wischende Hände.*

**A***m Bachlauf:*
*auf geschlagenen Ästen*
*häuft sich Schnee.*

**A***bends die Wäscheleinen*
*am Fluß, leer unterm*
*Gewitterhimmel.*

**J***anuarvollmond.*
*Schwarze Zweige vor ihm,*
*im Wind hin und her.*

**P***lötzlich stillstehen:*
*der Sang von Vögeln im Grün,*
*fern Kinderrufen.*

**N***achts am Dorfbrunnen.*
*Löwenmaul. Klopf vorsichtig*
*gegen den Stein.*

## Klagestunde, Ruhestunde

Gerade für Menschen, denen das „überhaupt nicht liegt“ kann es hilfreich sein, eine bestimmte Zeit am Tage passiv zu sein. In einer bestimmten festen Zeit, vielleicht am Abend, nicht zulange vor dem Zubettgehen, sollten alle Gedanken, Gefühle, alle unerledigten Dinge sich melden dürfen. Diese Zeit, vielleicht eine halbe Stunde, ist dann nur zur Auseinandersetzung mit Gedanken aus dem vergangenen Tag da: nicht um alle möglichen Dinge noch zu erledigen – *gehandelt* werden sollte in dieser halben Stunde gerade *nicht* –, sondern um mit sich selbst und seinen Gedanken ins reine zu kommen. Gedanken haben sonst die Tendenz, sich gerade dann zu melden, wenn sie am wenigsten passen – jeder Schlafgestörte weiß das. Richtet man ihnen aber einen solchen abgesteckten eigenen Bezirk ein, dann erweisen sie sich erstaunlicherweise oft als weniger wichtig und drängend, als beim Versuch, sie zu verdrängen. Ein Experiment mit Menschen, die unter Schlafstörungen litten und immer wieder über Gedankenkreisen im Bett berichteten, erbrachte gute Erfolge mit dieser Methode. Außerdem zeigte sich, daß Menschen, deren Gedanken nachts stundenlang um immer dieselben Dinge kreisten, für die Auseinandersetzung mit denselben Gedanken am Tag eine halbe Stunde fast schon zu lang empfanden.

Auch wenn Sie nicht zu den Menschen gehören, die zum Grübeln neigen: Ein gemütlicher Abend, an dem nichts mehr zu erledigen ist, und an dem keine Geschäfte mehr drängen, ein solcher Abend, vielleicht mit Kerzenlicht und entspannender Musik, ist nie verkehrt. Und gerade dann, wenn Sie meinen, „keine Zeit dafür“ zu haben, gerade dann ist er wichtig!

# Anhang

Informationen über Wochenendseminare zu Imagination und Entspannung erhalten Sie bei Dr. Volker Friebel, Denzenbergstraße 29, 72074 Tübingen. Dort ist gegen Einsendung von 10 DM auch ein Haiku-Heft erhältlich.

## Literatur


Davis, Martha/Eshelman, Elisabeth Robbins/McKay, Matthew: The Relaxation and Stress Reduction Workbook, New Harbinger Publications, Oakland 1980 (3. Auflage 1988).

Ellis, Albert: Die rational-emotive Therapie. Das innere Selbstgespräch bei seelischen Problemen und seine Veränderung, J. Pfeiffer, München 1977 (3. Auflage 1982, amerikanisches Original 1962).

Friebel, Volker (Hg.)/Ledvina, Ilse/Roßmeier, Armin: So arbeitet das Immunsystem, FALKEN, Niedernhausen 1992.

Friebel, Volker: Die Kraft der Vorstellung. Mit Visualisierung die Selbstheilung anregen, Trias, Stuttgart 1993 (mit Tonkassette).

Friebel, Volker/Erkert, Andrea/Friedrich, Sabine: Kreative Entspannung im Kindergarten, Lambertus, Freiburg 1993.

Friebel, Volker: Gelassenheit und Ruhe. Entspannungsübungen für den Alltag. Buch mit Tonkassette. Trias, Stuttgart 1994

Hall, Nicholas R. S./O'Grady, Maureen: Psychosocial Interventions and Immune Function. In: Ader, Robert/Felten, David L./Cohen, Nicholas (Hg.): Psychoneuroimmunology, Academic Press, San Diego (2. Auflage) 1991, S. 1067–1080.

Herbert, Tracy Bennett/Cohen, Sheldon: Stress and Immunity in Humans: A Metaanalytic Review, Psychosomatic Medicine 55, 1993, S. 364–379.

Höhnke, Olaf/Ramme-Wichmann, Astrid: Bewegung und Entspannung am Arbeitsplatz, Trias, Stuttgart 1990.

Holmes, Thomas H./Rahe, Richard H.: The Social Readjustment Rating Scale, Journal of Psychosomatic Research 11, 1967, S. 213–218.

Hüttich, Bernd: Aktiv contra Streß, Sport und Gesundheit, Berlin 1992.

Jerusalem, Matthias: Persönliche Ressourcen, Vulnerabilität und

Streßerleben, Hogrefe, Göttingen 1990.

Kabat-Zinn, Jon: Gesund und streßfrei durch Meditation, Scherz (O.W. Barth), München 1991 (amerikanisches Original 1990).

Kanner, Allen D./Coyne, James C./Schaefer, Catherine/Lazarus, Richard S.: Comparison of Two Modes of Stress Measurement: Daily Hassles and Uplifts Versus Major Life Events, Journal of Behavioral Medicine 4, 1981, S. 1–39.

Kiecolt-Glaser, Janice K./Glaser, Ronald: Stress and Immune Function in Humans. In: Ader, Robert/Felten, David L./Cohen, Nicholas (Hg.): Psychoneuroimmunology, Academic Press, San Diego (2. Auflage) 1991, S. 849–867.

Kitzmann, Arnold: Persönliche Arbeitstechniken und Zeitmanagement, Expert-Verlag, Ehningen 1992.

Lazarus, Richard S.: Streß und Streßbewältigung – Ein Paradigma. In: Filipp, Sigrun-Heide (Hg.): Kritische Lebensereignisse, Urban & Schwarzenberg, München 1981, S. 198–232.

Meichenbaum, Donald: Stress bewältigen, Ehrenwirth, München 1985 (englisches Original 1983).

Schwarzer, Ralf/Leppin, Anja: Sozialer Rückhalt und Gesundheit, Hogrefe, Göttingen 1989.

Vaitl, Dieter/Petermann, Franz (Hg.): Handbuch der Entspannungsverfahren. Band 1: Grundlagen und Methoden, Psychologie Verlags-Union, Weinheim 1993.

Wagner-Link, Angelika: Aktive Entspannung und Streßbewältigung, Expert, Ehningen 1989 (2. Auflage 1993).

Zebroff, Kareen: Yoga für Jeden. FALKEN, Niedernhausen 1993 (kanadische Erstausgabe 1971).

# Register

**Halbfette** Seitenzahlen verweisen auf eine ausführliche Erläuterung des Begriffs, *kursive* auf Abbildungen und Grafiken.

Im FALKEN Verlag sind bereits zahlreiche Titel zum Thema „Entspannung"
erschienen. Bitte fragen Sie danach in Ihrer Buchhandlung.

Die Deutsche Bibliothek – CIP-Einheitsaufnahme

**Friebel, Volker:**
Stress – nein danke! : Stresstests, Problemlösungsstrategien, Zeitplanung, Entspannung, positive Lebenseinstellung / Volker Friebel. – Niedernhausen/Ts. : FALKEN, 1995
ISBN 3-8068-1546-1

ISBN 3 8068 1546 1



**Umschlaggestaltung:** Bayerl & Ost, Frankfurt/M.
**Layout:** Bayerl & Ost, Frankfurt/M.
**Redaktion:** Dietrich Voorgang/Uwe Meilahn
**Herstellung:** Michaela Krekel
**Titelbild:** Bavaria Bildagentur/P. King, Gauting
**Umschlagrückseite:** Reinhard-Tierfoto, Heiligkreuzsteinach-Eiterbach
**Fotos: hapo Naturfotografie/H.P. Oetelshofen,** Rielasingen (Seite 17); **Reinhard-Tierfoto,** Heiligkreuzsteinach-Eiterbach (Seite 6/7, 13, 22/23, 24, 28, 32/33, 38, 43, 48/49, 62, 64/65, 70, 71, 76/77, 89/90); **Silvestris Fotoservice GmbH/ Robert Harding,** München (Seite 59); **STUDIO TEAM GmbH,** Langen (Seite 50, 51, 52, 60, 78–87); **M. Stüber,** Idstein (Seite 30, 54, 92)
**Zeichnungen:** W. Bamberger, Gengenbach (Seite 72), alle anderen: Heike Hochgreve, Karlsruhe



**Satz:** Raasch & Partner GmbH, Neu-Isenburg
**Druck:** Ludwig Auer GmbH, Donauwörth

817 2635 4453 6271

# Streß bewältigen – entspannen – Ruhe finden

Von Karin Schutt, 80 S.,
mit Audiokassette,
**DM 39,90**, öS 328,–, sFr 39,90
ISBN: 3-8068-**1471**-6

Von Liane U. Schoefer, 96 S.,
mit Audiokassette,
**DM 39,90**, öS 328,–, sFr 39,90
ISBN: 3-8068-**1427**-9

Von K. Haak, Dr. P. Kruse,
96 S., mit Audiokassette,
**DM 39,90**, öS 328,–, sFr 39,90
ISBN: 3-8068-**1327**-2

Von Dr. P. Kruse, B. Pavlekovic,
K. Haak, 112 S.,
**DM 24,80**, öS 198,–, sFr 25,80
ISBN: 3-8068-**1278**-0

**FALKEN Video**,
VHS, 3 Videos à 60 min,
**DM 98,–**, öS 899,–, sFr 98,–
ISBN: 3-8068-**6171**-4

FALKEN

Der Spezialist für nützliche Bücher

Stand der Preise 1.1.1994 · Preisänderungen vorbehalten